U0901942

文绣
瀚锦

剖析人性本质 解读社会规则

后东升 编著

中国纺织出版社

内容提要

这是一个人人都渴望成功的年代，当一夜暴富的传说被当成经典神话四处传播的时候，我们该如何选择？凭良心也能成功，厚德而不是厚黑。本书倡导反厚黑的成功哲学；以良心处世，以诚实待人，过一种有尊严的生活。在本书中，我们将用丰富的实例和幽默的语言，为您讲述凭良心获得成功的方方面面。您的成功就是我们的成功！

图书在版编目（CIP）数据

反厚黑学 / 后东升编著．－北京：中国纺织出版社，2005.3（2025.5 重印）

ISBN 978－7－5064－3190－3

Ⅰ．反…　Ⅱ．后…　Ⅲ．成功心理学－通俗读物　Ⅳ．F848.4－49

中国版本图书馆 CIP 数据核字（2004）第 119530 号

策划编辑：曹炳镝　责任编辑：冯晓玲　责任印制：初全贵

中国纺织出版社出版发行

地址：北京市朝阳区百子湾东里 A407 号楼　邮政编码：100124

邮购电话：010－64168110　传真：010－64168231

http: //www. c－textilep. com

E－mail: faxing @ c－textilep. com

三河市兴博印务有限公司印刷　各地新华书店经销

2005 年 3 月第 1 版　2025 年 5 月第 3 次印刷

开本：145×210　1/32　印张：5

字数：70 千字　定价：58.00 元

前言

在这个节奏飞快、充满诱惑的时代，每个人都在追寻属于自己的成功。有的人正在摸索，有的人已接近目标，有的人已经登顶，还有人正研究通向成功的路径。然而为何有人能够脱颖而出，而有人总是徘徊不前？成功，真的存在捷径吗？

面对物质世界的喧嚣与躁动，许多人心神不定，迷失方向。一夜暴富的神话频频上演，让不少人误以为成功唾手可得。然而，真相往往隐藏在表象之下。一些曾登上富豪榜的企业家，因贪婪和投机失去一切。他们的陨落警示着我们：成功绝非运气的偶然，更不是手段的投机。

真正持久的成功，必须建立在良知和诚

信之上。曾有人问林肯为何坚持发表可能导致落选的演讲，他坦然表示："如果注定因此失败，那就让我带着真理落选吧。"虽然他在当年未能当选参议员，但却在两年后成为了美国总统。这是良知带来的回报，更是信念的力量。

良心，是成功最坚实的基石。它不像金钱与权力那般显赫，却能唤醒人内心最真实的力量。在我国一座经济特区，一批建筑专业学生在教授带领下参观因偷工减料被拆除的大楼，那位年迈教授哽咽道："咱们建筑师不能造孽，要积德！"这句简单的话语，震撼心灵。

类似的理念在世界各地都存在。美国建筑大师赖特在毕业典礼上曾说："一座大厦就是建筑师的名誉，而名誉来自一块实实在在的砖头。"一块砖、一块板材，折射的是建设者的责任与品质，也是职业道德的真实体现。因此，成功不只是技巧的运用或策略的选择，更是对自我操守的坚守。它不仅是一种智慧和能力，更是一种人格与信念的体现。成功不是一蹴而就的结果，而是日积月累、点滴积淀的过程。

或许你正处在职场中努力拼搏，或是在学业路上奋发图强，也可能在人生岔路口踌躇不前。无论你身在何处，若能坚守内心的良知，脚踏实地前行，终将走出一条属于自己的成功之路。

这本书的意义，便是希望在你迷茫或焦虑时，为你提供一点光亮；在你疲惫或彷徨时，为你给予一份力量。我们愿意与你一同探寻成功的真谛，让每一份努力都值得，每一次奋斗都不被辜负。

你的成功，就是我们最大的心愿。

目录 CONTENTS

第二章 第三条道路

目录 CONTENTS

目录 CONTENTS

第六章 做一个有品质的成功者

【第一章】

成功者打开的那扇门

成功，是一个充满魅力的词。它象征着财富、荣耀、高尚品格和非凡成就。每个人都渴望在生命旅程中触碰成功的巅峰，无论是初入社会的新人，还是已有所成者，对成功的追求从未停止。

成功的路径从来不是一成不变的。幸运的是，历史留下了许多榜样，他们的经验和智慧为我们提供了清晰的方向，让后来者少走弯路，更有效地迈向目标。

一、巅峰的诱惑

1. 成功典型索引

几乎每一位成功者，都受到过他人精神上的激励和指引；他们各具光芒，为后来者树立了榜样，指引着一条条通往成功的清晰路径。

如果你正初涉社会，或已奋斗多年却仍感困惑，那么下列几位具有代表性的人物或许能带给你一些启示。他们的经历、信念和品质，足以成为我们的人生参考。

成功学导师拿破仑·希尔

拿破仑·希尔是美国著名的励志导师，也是成功学的奠基人。他所建立的成功理念，至今仍影响着全球无数追梦人。他出生在弗吉尼亚州的一个小镇，家境贫寒，却志向远大，尝试过煤矿经营、法律事务，最终成为商业记者。为研究成功秘诀，他耗时二十余年采访了包括卡内基、爱迪生、威尔逊等各界杰出人物，提炼出“17 项成功法则”，让许多人实现了命运逆转。

希尔的转折点来自与钢铁巨头安德鲁•卡内基的一次会面。卡内基鼓励他去研究成功人士的共性，并传授了许多理念：成功不是靠天赋，而是靠目标、自信、行动。受此启发，希尔确立了终生方向。他并非一帆风顺，中途也曾陷入低谷与孤独，但凭借信念和坚持，最终完成了具有深远影响的成功学著作，成为全球励志教育的重要人物。他的经历告诉我们：只要方向明确、意志坚定，普通人也能成就非凡事业。

美国伟人富兰克林

富兰克林是美国历史上最具影响力的人物之一，被誉为“美国梦的象征”。他既是开国元勋，又是科学家、作家和外交家。他的多才多艺，都是自学成才。他 10 岁辍学，却凭借努力在印刷与出版业中站稳脚跟，逐步建立了声誉与财富。美国独立战争期间，他积极参与并协助推动宪法的制定；他还发明了避雷针，撰写了大量深具启发性的散文作品。

年轻时的富兰克林便认识到品格的力量。他列出并践行

“十三条道德准则”，包括节制、自律、诚实、公正、节俭、谦逊等。这些理念不仅塑造了他个人的成功，也让他成为后人学习的楷模。他用一生实践证明：成就伟大人生，首要是修炼人格。正是他严于律己、持之以恒的自我管理，铸就了他非凡的人格并作出了卓越的贡献。

华人骄子李嘉诚

李嘉诚是全球华人引以为傲的企业家，被誉为“超人”。他掌舵的和记黄埔集团曾被评为全球最具盈利力的企业，其个人成就代表着香港乃至华人世界的经济力量。他的人生信条是“诚实信用”。他在演讲中指出，无论从事哪个行业，都要比别人做得更好，哪怕只领先一点点，也足以胜出。他认为成功不是偶然，而是持续进步的结果。

在子女教育方面，李嘉诚同样注重品格与责任。他在儿子年幼时便带他们接触社会底层，了解生活艰辛；也常带他们出海读书，讲解中国传统经典与做人的道理，用最直接的方式传播价值观。他曾风趣地表示，出海时他们“无处可逃”，只能专注听讲。正是这种坚持，培养出了两位杰出的“接班人”：长子李泽钜活跃于地产界，次子李泽楷则在科技与新经济领域崭露头角。更难得的是，李嘉诚一直心系祖国。他曾在演讲中坚定表示：“我以身为中国人为荣。”他不仅在教育、赈灾等方面慷慨捐助，也积极参与国家建设，展现了企业家的社会担当。他用行动告诉世人：真正的成功，不仅体现在事业，更体现在责任、情怀与格局之上。

当今社会虽不乏喜欢投机取巧之人，但真正长久的成功，绝不会建立在违背良心与道德的基础之上。那些一时得势的人，终究无法赢得持久的尊敬。真正值得我们铭记的，是那些靠才华、靠品格、靠坚持成就自己的人。他们的精神、思想与力量，将永远在历史中闪耀，也将在你我前行的路上，给予启发与鼓舞。

2. 每个人都是强者

每个人都是潜能的海洋

现代科学研究早已证实：人的潜能远远超出想象。每一个人都可能拥有广阔无垠的内在资源，如同深埋地下的矿藏，一旦被唤醒，就能释放出惊人的能量，创造出不可思议的成果。潜能，是我们尚未动用的天赋和能力，是我们应对挑战、超越自我、实现梦想的关键。但现实情况却是，绝大多数人一生只开发了自身潜能的极小部分。研究指出，一个人在一生中真正使用的能力仅占其整体潜能的 10% 到 30%。其余的部分，或是因为自我设限，或是因外界压制，始终处于沉睡状态。潜能未被唤醒，梦想也就难以照进现实。

正因如此，迈出成功第一步，必须从“相信自己”开始。相信自己具备改变现状的能力，相信内心蕴藏的巨大能量终将突破重围。就如海伦·凯勒所说：“当你感受到飞翔的力量时，就不应选择爬行。”只有内心真正燃起信念，潜能才能被激发

出来，并转化为前行的动力。

开发潜能

潜能如水，需疏导才能奔流。想要开发潜能，就必须通过有效的方式不断引导、训练与挖掘。成功学家总结出五种开发潜能的核心方法：

（1）主动传递爱与善意：善意的行为可以净化心灵，使人充满正能量，激发更多灵感。

（2）保持内在的平衡与宁静：心神安定，才能更专注于目标，从而释放更强的思维与行动力。

（3）珍惜时间：时间是成功的资本。珍惜每一刻，才不会让潜能沉睡在荒废的日常中。

（4）建立坚定的自信：自信是潜能的点火器。有信心，才能不惧失败，持续突破自我。

（5）展现饱满的活力与状态：活力是行动的源泉。精力充沛的人更容易激发潜力、超越常规。

开发潜能不仅是一种技能，更是一种内在的修炼。它要求我们不断提升人格素养、道德水平、判断能力和执行力。你需要拥有目标，也要有面对困难不退缩的坚韧精神；你需要渴望改变，也要有不断坚持的毅力。

在催眠实验中，有人可在悬空状态下支撑重物，甚至承受一匹马的重量。虽然极端，却说明潜能一旦被激活，其释放出的力量难以估量。而生活中的“潜能瞬间”更为普遍：一位母亲为救孩子爆发出的力量；一名学生在危机时刻展现出的临场智慧；一位普通人因责任感而做出的非凡成就。他们这些时刻的表现，无不源于潜藏的精神力量。更重要的是，潜能的释放与人格魅力息息相关。一个人若心中有爱、有信仰、有责任感，就会在关键时刻爆发出惊人的能量。这种能量，正是推动社会进步、文明传承、个体成长的根本力量。

享受潜能

享受潜能，是享受生命深层价值的过程。每个人都如同一座沉睡的金矿，唯有通过不断地探索和实践，才能挖掘出其中的金玉。首先，我们要进行深刻的自我认知：我是谁？我真正擅长什么？我在哪些领域尚有不足？明确这些问题，是唤醒潜能的前提。

了解自身优势后，应结合成功者的行为模式，将其为己所用。模仿并非盲目复制，而是借助他人的经验，寻找适合自己的成长路径。成功不是一次登顶，而是一次次阶梯式的自我超越。你越愿意探索自己，越容易点燃潜能的火花。

生活中，我们常常被“我不行”“我不如人”的自我设限所束缚。然而，那些最终脱颖而出的人，无一不是打破这种束缚，勇敢迈出第一步的人。他们不是起点最好的人，却是最愿意持续进化的人。他们将一次次失败当作成长的契机，将一次次平凡任务变成修炼意志的机会。

值得记住的是，决定一个人能否成功的，从来不是环境，而是他如何看待自己。如果你相信自己是平凡的，你就会平凡；如果你坚信自己是非凡的，你就会不断逼近非凡。

成功的“种子”早已存在于我们心中，它们不是他人赐予的，而是天生赋予的。这些种子或许正埋藏在你的兴趣中，在你的童年梦想里，在你面对困难时仍不屈的意志中。你要做的，就是用信念和行动去灌溉它们，让它们破土而出，自由生长。

3. 你准备好了吗

主宰自己的力量

是谁决定你的命运？不是神明，不是他人，而是你自己。你是否拥有掌控人生的实力，决定了你的高度。人生就像一场体能演化的旅程：小时候力量不足，只能爬行；成年后站立奔跑，奋勇拼搏；年老体衰，需借拐杖辅助——这是一种自然力量的演变，也是生命轨迹的象征。

“实力”不仅仅是体力，更是综合素质的体现。它包括外在能力与内在品格两部分。外在能力指健康的身体、积极的心态、持久奋斗的精神，以及创造力、判断力、执行力等各种能力；而内在品格则涵盖善良、谦和、坚定、执着、宽容等人格特质。这些共同构成了你向成功迈进的“根基”和“双翼”。外在的力量提供执行力，内在的品德决定你能走多远。只有在这两方面不断成长，才能在命运的跑道上稳步前行。

发挥自己的力量

一位长者曾说：“年轻人的最大资本，是健康、知识、信用与常识。”这四样看似普通，却是一个人走向成熟和成功的基石。健康是前行的根本，知识是破局的工具，信用是立足的根本，而常识，则是抵御愚昧与偏见的盾牌。这些看似简单，却都需要在生活的磨炼中逐步积累，不能一蹴而就。拥有这些资本，仅仅是起点。真正能将其转化为人生的力量，还需持续的锤炼与修为。许多人拥有天赋，却因缺乏自我认知与管理，最终碌碌无为。要发挥自己的力量，首先必须认清自己，明确自身的优势和不足。只有真正地了解自己，才能做到“因材施用”，将潜能转化为成果。

自知，是认清现状的智慧；自信，是激发潜能的引擎；而自强，则是让你在困难面前永不退缩的底气。当你不再为他人的评价而焦虑，不再为暂时的困顿而沮丧，你会发现内心逐渐变得坚实，眼神里开始有光，步伐也不再迷茫。你会懂得，在世界的舞台上，每个人都有一块属于自己的位置，只要你不放弃，就能一点一点靠近它。发挥自己的力量，并不是追求“完美”，而是在现实中不断优化自我。你要学会审视自己的优势，持续放大，并同时着力弥补短板，用“扬长避短”的方式让自己更稳健地成长。不要害怕失败，因为失败不是终点，而是检验方向与方法的机会。每次失败之后的复盘与改进，正是积蓄力量、厚积薄发的过程。

成功，并非一场你追我赶的竞赛，它不属于某一类人，而

属于所有愿意认真生活、努力付出的人。它不是遥不可及的神话，而是你日常积累与思维改变的自然结果。真正的成功，来自于你是否做出了持续的选择，以及是否愿意为目标而努力前行。不是你跑得多快，而是你是否坚定地走在正确的方向上。而要做到这一点，关键是培养良好的生活与思维习惯。每天清晨醒来，都是新的起点；每一个微小的行为，都是一次自我塑造。习惯决定方向，它如同日复一日缠绕在你生命之上的绳索，慢慢塑造你的性格、能力和命运。当好习惯形成，它会在无形中引导你一步步走向目标，让你在看似平凡的生活中，积蓄出不凡的力量。所以，不要再等待机会降临，也不要把希望寄托在外部环境的改变上。真正的转机，从你下定决心的那一刻开始。当你愿意去做，而不是一味地犹豫；当你选择承担，而不是习惯推诿；当你开始坚持，而不是一再放弃，你就已经在走向力量的道路上。

别忘了，你拥有无限的可能。真正的你，远比你自己想象的更强大。放下畏惧，直面挑战，在一次次磨炼中积蓄经验与底气。从现在起，唤醒沉睡的潜能，不再犹豫、不再推诿，用实际行动书写属于你自己的精彩篇章。

丰富自己的资本

真正的财富，不在银行账户，而在你头脑与内心之中。你无需依赖金钱积累起步，而应该通过不断学习、锻炼、积累经验，让自身变得“值钱”。哪怕环境动荡，只要你具备健康的体魄、坚定的信念、积极的心态和优良的人格，就能抵御风险、化解危机。

不断拓宽自己的视野，在知识、情感、思维和行为上持续成长。哪怕每天进步一点点，也终将积小成大。追求梦想与成功，是你不可推卸的责任。一个人之所以能成长、强大、成功，都是在追逐梦想的路上完成的。无论你目前的地位、财富或能力如何，都有权利也有能力成为更好的自己。

成功者坚信，未来不是命中注定的，而是由自己打造的。你不必羡慕别人，只需坚信自己可以创造属于自己的光芒。

立即行动

决定你是否能改变命运的，从来不是外界的条件，而是你是否愿意迈出第一步。不要再把宝贵的时间浪费在无意义的消耗中，从此刻开始，每一个小时都为进步而用，每一分努力都为明天铺路。请谨记三个字：“求上进”。它不仅是一句激励口号，更是你生活的方向。用行动代替幻想，以奋斗拒绝平庸，你的生命将焕发出前所未有的力量。

每个人的内心，都有一片尚未启航的天空。只要你愿意张开翅膀，用汗水和努力去换取成长，你终将迎来属于自己的一片晴空。

二、成功学的误读

1. 品质与成功

图书是社会风貌的缩影。当下市场上的成功学类书籍繁多，不乏通过“捷径”“关系”“技巧”甚至“厚黑学”来指导年轻人如何走向成功的读物。这种观念的流行，不仅误导了不少青年，更在潜移默化中破坏了道德准则，对社会整体价值观产生了不良影响。

对成功的误读

不少书中的故事认为，不择手段、牺牲道德底线，才是成功的通行证。这种观念看似现实，却极具误导性。事实上，真正意义上的成功，绝不是靠虚伪与算计得来的。那些走得长远、获得尊重的人，靠的从来不是手段，而是品格。

本书所倡导的成功哲学，是建立在良知与尊严之上的。成功不仅是外在的结果，更是内在修为的体现。一个人要想走得更稳、更远，必须以诚实、责任、尊重为核心，建立正向价值的信念体系。

▶建立正确的成功观

英国《泰晤士报》曾有一段言论：品格决定一个人的魅力，影响他人对其的信任与尊重。一个人的优秀人格，能激发社会正能量，甚至影响一个民族的精神面貌。它是征服他人、赢得地位的根本，是一个人最宝贵的财富。

优秀人格，是被时间证明的信誉，是内心良知与行为一致的体现。即便一个人没有高学历或卓越才能，只要人格高尚，同样可以赢得尊敬，产生积极影响。英国议员坎宁在1801年曾写道：“人生之路，要通过人格来获取力量。它不是捷径，但最可靠。”时至今日，这句话仍具深刻现实意义。

那些靠欺骗、投机换来的成功往往转瞬即逝，甚至带来更大的损失。而良好品格所带来的成就，是持久且深远的，它不会随着财富的变化而消失，反而能在关键时刻给予你力量和信任。

人格不会用金钱衡量，也无法用技巧伪装。它是人最核心的资本，是影响他人、成就事业的根基。在某些情况下，它甚至比金钱更能带来资源、合作与尊重。高尚品格是人格的沉淀，是一个人走向成熟和成功的重要支撑。无论你身处何种地位，唯有人格坚定，方可赢得人心，建立真正的影响力。

2. 竞争时代的陷阱

▶现实的陷阱

当今社会复杂多变，人心浮动，人与人之间的信任被层层戒备取代，情感常被背叛、算计所伤。在高度商业化的环境中，金钱至上、欲望膨胀，很多人被功利心驱使，精神焦虑，心理疲惫。在这种现实中，不少人误以为：成功只与技巧、关系、运气甚至手段有关，与品德无关，甚至有人认为诚实、善良反而是负担。这种观念在年轻人中悄然蔓延，导致部分人急于求成，不愿脚踏实地，忽视基础积累，只想走捷径，渴望快速成功。他们往往将自己放在竞争的跑道上，却忽视了内在的成长与人格的塑造，结果潜能被压抑，方向被误导，优势也难以发挥。追逐短期利益的同时，他们可能失去了长远发展的基础。

面对这些误区，我们必须做出反思与修正。年轻人应保持思想的纯正，拒绝奢侈，保持生活简朴，学会在诱惑面前理性自持，在利益面前顾全长远。面对“金钱”“权力”“技术”“知识”等各种诱惑与吸引，要选择适合自己的发展路径，不迷失方向，不牺牲底线，方能走得更稳更远。

人格就是井绳

人格，是通向成功最可靠的资本。可惜在现实中，许多年轻人过于注重表面的手段，却忽视了对人格的打磨。他们追求权谋，讲求技巧，却缺乏内在品格的支撑，最终不免误入歧途。我们必须明白，成功不是侥幸的结果，而是品格与努力的结合。那些试图依赖投机、走捷径的人，可能一时得势，但最终往往难逃失败。真正的成功者懂得坚守底线、珍视人格。凡事有可让之处，也有必须坚持的原则。失去了底线，也就失去了做人的根本。

人格，是一个人面对世界最有力的介绍信。在人生的关键时刻，真正被他人看重的，从不是表面技巧，而是你的人格底色。无论职位高低、财富多少，一个人格坚定、真诚守信的人，永远不会被忽视。美国成功学家奥里森·S·马登曾说："从未见过一个正直、慷慨的人不具吸引力，也未听说一个自私之人能赢得尊重。"这句话直指本质：人格的力量才是决定你能否赢得他人认可、能否真正成就事业的关键。

3. 成功学真相

品格赢得承认

近年来，成功学类图书在市场上大量涌现，从"厚黑学""黑白经"到"圆滑处世术""夹尾做人术"，种类繁多。这些书籍大多宣扬的是一种功利化的生存技巧，鼓吹只要能达到目的，任何手段都可接受。它们将成功简化为操控他人的能力，甚至不惜以违背良知和道德为代价。

这种观点实际上向人们传递着一个危险的信号：成功与正直无关，相反，诚实可能是"失败者"的代名词。这种"实用主义"思维误导了很多渴望成功的年轻人，在他们面前摆出两个极端选择——要么不择手段地取胜，要么坚守底线却一事无成。

这些理论有两个核心立场：其一，所谓“能屈能伸”，但却没有下限；其二，否定道德前提，认为只要结果可观，过程如何都无所谓。在这样的逻辑下，有些人不再以道义为指引，而是完全以利益为导向。这种思想的传播，不仅颠覆了社会的基本伦理，也侵蚀了年轻人的价值观。

事实证明，真正长久的成功，从不建立在欺诈与短视之上。成功并非靠耍弄手段，而是靠人格的魅力和能力的积淀。哲学家黑格尔说：“人是什么样的人，在于他做了什么事。”成功学家马登也强调：“品格与个性，是一切财富与荣耀都无法替代的根基。”

许多优秀的成功者用实际行动证明：高尚的品格和强烈的责任感，才是他们不断前行的真正动力。

品格锻造成功

一个人若能真诚为他人着想，可能会在短期内看似“吃亏”，但这份善意迟早会在不经意间转化为回报。你对他人的关怀和信任，也会在你需要时获得他人支持。这种双向的善意，正是社会信任与人际合作的基石。

戴尔·卡内基曾说：“在这个以自我为中心的世界里，那些肯主动帮助他人的人将获得巨大回报，因为他们几乎没有对手。”这正是善良、正直的现实价值所在。

我们必须认识到，真正的成功，既要靠头脑，也要靠心灵。个人品格并非华丽的口号，而是实实在在的力量。它支撑我们在面对诱惑时坚守底线，在遭遇困境时不失信仰，在通往高峰的途中，依然不忘初心。那些只顾当下得失、不顾后果的人，也许能迅速攀上高位，但却无法持久站稳。他们或许赢得一时的掌声，最终却难逃信任的崩塌和道德的清算。与此相比，真正坚守品格的人，哪怕起步慢些，步伐却更踏实，成果也更稳固。

今天的世界，越来越看重执行力与能力，但真正能决定一个人是否值得托付、是否可靠的，依然是他的人格。正直、担当、善良、诚信，这些看似“老生常谈”的品质，其实才是成功路上的通行证。

三、洞开的良心之门

1. 环境因果论

环境论的启示

一个人的成长不仅取决于个人因素，更离不开所处的社会环境。社会结构、时代背景、历史条件等外部环境，在很大程度上影响着个体能否抓住机遇，走向成功。因此，了解并适应时代发展趋势，是成就人生的重要前提。

人是社会的产物。个体的发展，是个性与社会性互动的结果。

一方面，人要完成个体的确立和独立意识的培养；另一方面，也必须融入社会，参与群体生活，形成协同发展的能力。社会化过程的平衡，既关系到人的精神健康，也影响其整体素质的成熟。

卡耐基曾强调，自我价值并非封闭的自我满足，而是通过满足他人的需求而体现的。人的价值，只有在服务社会中才能得以实现，并获得认可与尊重。这种价值实现，往往通过社会的回馈形式，如荣誉、信任、地位等表现出来。简言之，个体的成长与社会环境息息相关。今天的中国，为年轻人提供了前所未有的发展平台，但也提出了更高的要求。一个具备高尚品格和健全人格的人，才能真正融入社会，获得成功。反之，道德缺失者，即使拥有天赋，也难以赢得社会认可，更无法持久发展。

适应社会，必须塑造健全的人格：讲信用、守法纪、有公德、能服务，社会才会反哺你一个积极的未来。

成功的社会人

人在现实中既受到自然环境的影响，也深受社会结构的制约。社会通过法律制度、文化观念、道德标准等，将其价值体系内化于个人心中，逐渐形成行为规范。人在此过程中建立起世界观与人生观，明确行动方向，提升社会适应能力。

真正的自我价值，并非单纯对个人欲望的满足，而是在与社会互动中体现。一个人脱离社会，只追求自我满足，最终只会陷入封闭和孤独，精神上空虚失落，无法实现价值。而只有走进社会，在服务与创造中，才能不断释放潜能，实现个体的意义。因此，参与社会实践、履行社会责任，是实现自我价值的核心路径。一个人若只顾私利，不关心他人，也无法赢得真正的尊重与成功。反之，愿意奉献、勇于承担的人，才是真正成熟的“社会人”。

以李嘉诚先生为例，他不仅事业成功，更以责任感和大局意识赢得广泛尊敬。他常言：“身为炎黄子孙，应自强不息，发达不忘家国。”这不仅是情怀，更是实践。

早在 1980 年，李嘉诚便关注到潮汕地区教育资源的薄弱。他不顾个人负担，持续投入资金建设汕头大学。从创校之初至 2002 年底，累计捐资逾 12 亿元，建成校园 36 万平方米，涵盖文、理、工、医、法、商等九大学院十六个系，极大提升了区域教育水平，并为国家培养了大批人才。李嘉诚深知：“教育强，则国家强；教育弱，则国家弱。”他将个人的成功转化为社会的福祉，这正是成功者应有的境界。这也告诉我们，个人的发展不能脱离社会责任。只有在回馈中成长，在奉献中前行，才能成就真正意义上的成功。

2. 基于良心的成功

成功基于良心

常言道：“种瓜得瓜，种豆得豆。”这既是自然规律，也

是人生哲理。良心，是决定你言行和命运的关键力量。它像警示哨兵，提醒你每一个选择所带来的后果。人的人格，是由无数行为构成的，而每个行为，源于你的思想。你心中所想，最终塑造了你的人生。

思想，是命运的设计师。你珍视和培养的每一个念头，都会在行为中开花结果。因此，一个人应时刻守护内心的信念，把它看作人生最重要的财富。

许多成功学大师都指出，真正值得追求的，是内心深处认同的永恒价值，而非一时的名利。一个人若拥有强大的智慧力、道德力和意志力三者统一的人格力量，往往更容易实现自我。而把人格修养作为人生资本的人，即使未获显赫地位，也不会彻底失败；反之，丧失操守的人，即便一时成功，也难以成就真正的伟业。

名家说良心

诚实、善良、正直，是人格的核心。虽然不是每个人天生具备这些品质，但它们可以成为后天追求的目标。古人说得好：“即使衣食不足，人格也要忠于德行。”一个有良知、目标坚定的人，能忍受艰难，抵抗诱惑，并在困境中坚持善行。

富兰克林曾说，他之所以获得社会尊重，并非因为口才或能力，而是因为他诚实、有良知。他说：“我口才并不出众，也不擅修辞，但人们信任我，是因为我诚实坦率。”

丰子恺曾说：“人生在世，应追求真、善、美。”其中，美是外表，善是血脉，真是骨骼，这三者成就了真正的人。而良心，正是贯穿其中的灵魂，是内在的骨气，是面对诱惑仍能挺立的脊梁。

真正有良知的人，无论身处何种环境，都会坚守信念。他们用品格支撑自己，也支撑着人类社会的尊严和希望。

胡启恒院士曾在中国工程院大会上强调，科学家的核心素养应包括诚实、良知、责任感、探索精神和团队意识。没有这些，科学便无以为继，使命也将失去根基。

良知不仅是个体道德的体现，更是全人类共识。不同民族不同文化的人虽语言文化各异，但都一致认同“良心为本”的做人标准。

朝鲜族谚语说：“良心是一生之宝”；藏族谚语说：“有良心的人在苦难中更显光明”；而汉族千古流传的教诲如“人正不怕影斜”“根深不怕风摇”都强调了一个核心：心正，则行正。品格清正，是走向成功的基础。

良心是社会的要求

如今社会，学历和分数不再是唯一的择人标准。许多用人单位更加重视一个人的品德、责任感和团队精神。企业更倾向于录用诚实可靠、有使命感和执行力强的人才。微软公司更强调“激情、努力与智慧”，这三者无一不是良好品格的延伸。因此，高校也开始改变传统的评价体系，不再只看成绩，而是更加重视学生的道德修养和综合素质。思想品德、心理健康、合作意识、创新能力、遵纪守法等已成为评估学生的重要指标，体现出社会对“品格力”的日益重视。

在职业经理人领域，“人格魅力”正成为衡量其领导力的关键指标。领导者不仅要有能力，更要有担当、有操守。企业的发展离不开一个品格端正、影响力强的核心人物。一个有信念、有道德的管理者，才能带出一支有战斗力的队伍。

人格魅力，其本质就是良心与责任的体现。当一个人能对自己、对他人、对社会负责时，他就能赢得尊重，获得影响力，这也是各种组织文化日益推崇的方向。

保持良心

良心，是内心的警钟，是抵御诱惑的定力，是做人做事的底线。它让你在面对权势时保持清醒，在困境中依然正直。良心是挺直腰杆的力量，是在纷繁社会中坚守本心的指南。正如孟子所言，“富贵不能淫，贫贱不能移，威武不能屈”，这是良知的高度；于谦的自白“粉身碎骨全不怕，要留清白在人间”，更是人格的誓言。

我们每个人体内都潜藏着一种“威武不能屈”的力量，那便是良心。这是最宝贵的品质，是支撑人格的基石，是应当用生命来守护的信仰。历史上的伟人之所以被铭记，不只是因为功绩，更是因为他们守住了良知。

3. 品质才是致胜关键

有品质的团队

高品质是成就团队和企业的核心。几乎所有成功企业都坚持“品质优先”，他们宁可成本增加，也不牺牲产品质量。因为顾客愿意为优质产品买单，而品质提升又带来更高收入，这种良性循环最终降低了运营成本。相反，一旦降低品质，客户流失、利润缩水在所难免。无论企业大小，都应注重产品每一个细节的品质。只有品质过硬，服务才有意义，广告才有效果。否则，即便营销做得再好，也难以留住顾客。比如，一家餐厅若菜品口味不佳，再好的服务和宣传也无法弥补。顾客真正关注的始终是产品本身，只有从顾客的角度定义品质，才能赢得市场。

英国工业革命时期，印花布行业的巨头里尔·保罗就是品质的践行者。他精力旺盛、富有远见，凭借卓越的领导与优质产品，使企业长期繁荣，工厂遍布兰开郡周边，成为行业典范。

人与人之间真诚相待

从表面看，人似乎是为自己而活，但深究其本质，我们每个人都活在社会分工中，彼此依赖、彼此成就。人类是群居动物，正因为有社会性，才衍生出语言、文化、制度与情感。一个人若彻底脱离了社会，就像水滴脱离了大海，虽然曾闪耀过片刻光芒，却终究无法长久存在，最终被蒸发在无形之中。

人与人之间的联结，并不只建立在利益的交换之上，更深层次的，是基于理解、信任和真诚的互动。真诚，是人际关系

中最坚固的纽带。它不是刻意讨好，而是一种发自内心的尊重，是在对方面前坦诚地展现真实的自己，不掩饰、不虚伪、不设防。

一个关于真诚的故事来自澳洲洛兹公司。该公司的一位主管凯瑞在面对蔬菜价格大幅下跌时，并没有选择通过邮件或电话传达这个不利消息，而是亲自驱车数小时，冒着风雨前往农场。他不畏泥泞，亲入田间，与农民面对面沟通。他耐心听取农场主的辛劳与困境，传达公司的难处。正是因为这份尊重与理解，农场主感受到了他的真诚，虽然面临利益调整，但依然主动接受了新的定价。这件事并没有多大的轰动，却在细微之处展现了人与人之间因真诚而生的信任力量。

信任不是从空中掉下来的，它来源于点滴积累的真诚。一个人在与人相处中若能秉持坦荡和尊重，就会逐渐在别人心中建立起可靠的形象。而这种可靠，往往就是你未来获得合作、支持乃至朋友的根基。越是在复杂的社会关系中，真诚就越显可贵，它像是一股清流，在人心浑浊之时带来温暖与清明。

社会的意义也正是在这种互动中得以实现。每个人的价值，往往不是在独自奋斗中显现，而是在为他人、为群体贡献中被放大。一个企业家如果只顾谋取利润，忽视员工与客户的感受，最终可能失去信任。但若以诚待人，愿意从对方立场出发思考问题，不仅能获得理解与支持，还能建立长期稳固的合作关系。

成功的人往往并非那些口若悬河、八面玲珑之人，而是能在关键时刻给予真情、传递信任的人。真诚，是一种无需包装的魅力，是一种不依靠言语便能打动人的力量。当你以真心待人，对方也会用真心回应你。这种人际交往的“真诚循环”，不仅能化解误解、平息冲突，还能在看似艰难的局面中找到突破口。

为他人付出，并非自我牺牲，而是一种更高层次的自我实现。正如心理学家马斯洛所言，人生最高层次的满足是自我超越，而这种超越，恰恰是在关怀他人、服务社会的过程中产生的。当你真心实意帮助他人、用真诚对待每一次人际交往时，你的人生就不再局限于小我的得失，而升华为一种更宏大的存在价值。

在这个节奏飞快、关系趋于功利的时代，坚持真诚待人尤为珍贵。它也许无法立刻带来回报，却能在你人生关键的节点处，成为最稳固的支持。真诚不是手段，而是根本。它像一颗种子，在人心深处默默生根发芽，最终开出理解、尊重与信任的花朵。所以，无论你从事什么职业、处于什么阶段，都请记得：与人相处时，带上一颗真诚的心。它不需要你富有，不需要你能言善辩，只需要你尊重别人、信守承诺、守护本心。真诚，是人与人之间最温柔的力量，也是社会得以和谐、个体得以成长的重要源泉。

辉煌来源于品质

真正的辉煌，往往不只是个人奋斗的结果，更源于一个人对社会的深情与担当。历史上那些留名青史的杰出人物，大多不满足于个人的成功，而是将个人理想与社会需求深度结合。

他们将“小我”融入“大我”，在服务他人中成就自我，在推动社会进步中实现更高的人生价值。

《思考致富》作者拿破仑·希尔曾提出“多走一里路”的理念，意在鼓励人们比他人多付出一步，多坚持一会。他通过对五百多位成功者的访谈发现，他们无一不是主动承担、愿意多做的实践者。这种行为并不是为了夸耀，而是他们内心品格的自然流露。

真正的成功者并不把额外付出视为负担，而是将其视为自己的责任与习惯。成功不是一蹴而就的奇迹，而是点点滴滴品质积累的结果。多做一分、多想一步，是对工作的尊重，更是对自我价值的坚守。曾有一位年轻人，为了能够与农业机械大王麦考梅克共事，不仅坚持数月了解其生活作息，还认真研究了其经营理念与价值观，最终获得了与之共事的机会。这种为目标默默付出的态度，正是“品质成就辉煌”的真实写照。

在全球化浪潮席卷世界的今天，人与人、国与国之间的联系空前密切。跨文化交流日益频繁，良好的人格品质成为沟通桥梁。一个人若想在多元文化环境中获得认同，就必须既保有自身的民族文化特质，又能秉持诚实守信、尊重他人、履行承诺等普世道德准则。真正的成功者，正是那些既不失根本、又与时俱进的人。

品质需要学习

许多人将机会视为改变命运的关键，但真正决定一个人是否能够抓住机会的，是他自身的准备程度与内在素养。机会总是偏爱有准备的人，而这种准备的核心，就在于对“品质”的不断学习与修养。

美国企业家杰克·法里斯的成长经历便是一个典范。他从13岁起就在家族加油站打工。起初他只想学习修车，但他的父亲却安排他从最基础的接待顾客做起，并告诉他：“技术会变，人性不变。”正是这句简单的话，让他深刻理解了服务背后隐藏的“人性管理”和“品格修养”。在日复一日的接待中，杰克学会了如何理解顾客需求、如何在压力下控制情绪、如何以同理心面对不同性格的人。他的收入被严格划分为捐赠、膳宿、储蓄和自由支配，父亲用这种方式让他明白责任、计划与慈善的重要性。这种生活教育不仅塑造了他敬业、诚实、节制的品质，也让他在日后成为企业家的同时，更加明白“企业即社会责任体”的含义。他并不将成功归结于机遇，而是强调一种“可持续成长”的品格力量——即使没有机会，也要为机会做好准备；即使没有聚光灯，也要练好内功。

品质是可以学习的，它不会与生俱来，而是在点滴中积累的。一个人不必完美，但必须愿意学习；不必一开始就成功，但必须始终有向上的内驱力。

▶锻造工作的品质

品质，不仅体现在个体行为中，更深刻地体现在一个组织或团队的运行中。企业的成功，不仅依赖制度与技术，更仰仗

每个团队成员尤其是领导者的品格修养与精神感召。

波音公司前总裁威廉·艾伦就深知这一点。在战后公司转型的关键时期，他提出了自己的一份管理信条：管理情绪、理解员工、尊重个体、实干精神和正直坦率。他不把员工视作可被替代的“工具”，而是看作有思想、有情感、有价值的“人”。在他的带领下，波音不仅在技术上实现突破，更在人文关怀上走在时代前列。艾伦坚持倾听员工声音，鼓励创新表达，允许批评并及时回应。他不避讳问题，而是勇于直面矛盾、解决矛盾。他推崇实干主义，不搞表面文章，并将企业目标与社会使命相结合，强调企业要为人类发展服务。如今，艾伦的管理理念依旧被波音内部视为宝贵的“企业精神”，也被世界各地的企业管理者奉为经典。由此可见，品质是企业文化的灵魂，是组织在内部建立信任、外部赢得口碑的基础。

品质能立于不败之地

无论时代如何变迁，生活方式如何多样，人与社会的关系始终是成败的关键。一个人若想在社会中立足、在事业中有所作为，首先要具备良好的人际关系能力，而这个能力的底层，是你是否具备值得信赖的品质。

在工作中注入热情与真诚，把职业当使命对待，常常能带来意想不到的结果。表面上看，这是情绪劳动，实际上，这是情感的投入和责任感的延伸。你对工作的态度，最终都会变成别人对你的态度。真诚换来信任，热情换来合作，踏实换来机会，这就是品质的正向回馈机制。

一个人若能在平凡的岗位上坚持高标准、投入真情实感，必将获得超出预期的认可与尊重。在快节奏、浮躁氛围日益泛滥的今天，愿意真诚付出、脚踏实地的人，反而成了稀缺资源，格外受到珍视。不仅如此，品质还是面对逆境时最坚实的力量。你可能因为运气暂时失利，也可能因为环境不佳而陷入困境，但只要你始终保有正直与诚实，你就不会被彻底击垮。别人会看到你的坚持、信任你的能力，并愿意在关键时刻伸出援手。

总的来说，真正的成功，始于修身，成于做人。品格决定一个人的底色，影响一个组织的气质，乃至塑造一个民族的精神面貌。无论个人还是集体，只有将“品格”视作立身之本，才能在变化莫测的时代中稳住阵脚、走得更远。正如一位名人所说——高贵的品质永远立于不败之地。辉煌的事业可以被时代刷新，但品格的力量将历久弥新。真正的辉煌，从不是手段的胜利，而是人格的升华。

【第二章】

第三条道路

第三条道路常被视为正统之外的选择，有可能通向成功的捷径，也可能引你误入歧途，甚至走向堕落与毁灭，必须谨慎面对。失败往往是最好的老师，它提醒我们：人格若失，代价极为惨重。近年来，多起知名企业的衰败事件，其根源多是品格失守，给人以深刻警示。

市场经济固有其道德风险，但不能因此否定其合理性，关键在于持续对市场行为进行道德监督与引导。在社会主义市场经济条件下，道德不仅是秩序的保障，更是经济持续健康发展的推动力。只有将道德融入经济运行，才能实现经济与社会的协调进步。因此，每个人都应以清醒心态，借鉴教训，走上稳健而正直的发展之路。

一、昧良心式"成功"

1. 案例

▶ "郑百文"的衰败

郑州百文股份有限公司（简称"郑百文"）曾是引人注目

的企业典范。其前身是郑州市一家国有批发站。1996年4月，“郑百文”成为郑州市首家上市企业、河南省第一家商业类上市公司。据公司披露，1986—1996年十年间，销售收入增长45倍，利润增长36倍，1996年实现销售收入41亿元，员工人均产值达470万元，各项指标位居全国前列。1997年更被评为沪深上市商业公司中各项排名第一，入选国内上市百强企业。

“郑百文”迅速成为改革明星，不仅获得多项荣誉，也被树为国企改革的标杆。地方政府召开专门大会推广其经验，并将其视为全省学习样板。高光之下，公司管理层也获得众多国家级表彰。然而，转折发生得几乎猝不及防。1998年，“郑百文”就创下中国股市每股净亏损2.54元的纪录，而前一年其还宣称盈利0.448元。1999年公司亏损高达98亿元，再度创下沪深股市亏损之最。据内部人士披露，公司在上市前为通过审批，不惜虚构盈利数据，专门成立“做账班子”，伪造报表，最终蒙混过关。截至在2000年一年中，“郑百文”累计亏损18.21亿元，净资产为负13.46亿元，资不抵债，20多亿元债务被转至中国信达资产管理公司。

“郑百文”的失败是制度不完善与内部管理失控的双重结果，也反映出在改革大潮中企业家素养的欠缺。直至2004年7月，该公司才完成资产重组并重新上市。

南德集团的垮台

另一家曾风光无限的民营企业——南德（集团）股份有限

公司（简称“南德集团”），也因制度漏洞和高风险操作走向崩溃。

南德由牟其中于1984年创立。其初期发展包括中德实业、海德经济集团等实体，并通过中俄之间的易货贸易，一度声名鹊起。1992年牟其中以“罐头换飞机”的交易赚得巨额利润，自称盈利近亿元，成就了一时神话。1994年，南德集团正式成立，牟其中出任董事长。1995年起，公司陷入资金紧张，牟其中转向信用证融资。此后，其在银行办理信用证时，涉嫌虚构进口贸易，诈骗金额高达7507万美元。2000年5月，牟其中被判处无期徒刑，“南德集团”随即停业，巨额亏损曝光。

牟其中崛起的背景，是20世纪80年代市场物资紧缺与法制尚不健全。他的“倒卖—投机—资本扩张”路径，在当时被包装为“企业家精神”，广为宣传。他曾因财富高达3亿元被《福布斯》评为中国内地第四富豪，获得“十大实业家”等多项荣誉。但这些成功并没有坚实的经营基础。牟其中的“理想主义”缺乏可执行路径，在实践中不断被现实击溃。90年代中后期，南德投资频频失误，公司陷入债务泥潭。尽管他持续发布各种宏大设想，如“华尔街办银行”“中美俄放卫星”等，但缺乏实质项目支持，已无力挽回败局。

为筹资还债，牟其中曾组建“融资突击队”，联合他人伪造进口贸易，从银行骗取信用证，并勾结香港企业转移资金至集团账户，其行为性质已属严重违法。1999年牟其中在北京被

捕，2000 年被判无期徒刑。他的“商业神话”最终破灭。

“南德神话”的崩塌再次印证了一个道理：空有理想而无实干基础，最终难逃失败。其经营的“高光时刻”多由包装构成，盈利数据也多为虚假。长期靠“拆东墙补西墙”的运营模式注定难以为继。

2. 昧良心最终必然失败

企业的失败，往往不仅是外部环境造成的，更深层次的原因源于内部。大量案例表明，企业领导者素质低下是致命因素。有的目光短浅，有的自负固执，有的贪婪自利，还有的拒绝批评、惟利是图，最终导致企业误判连连、衰败不可避免。

市场经济本质上是一种服务他人、发展自身的经济机制。只有通过提供优质产品和服务，企业才能真正“发”。然而，一些从计划经济思维中延续下来的观念，使得部分人依靠压制和打压他人谋利，造成市场机制扭曲，破坏了公平竞争秩序。

北京白龙公司总裁孙寅贵在经历了企业兴衰之后，写下了《总裁的检讨》一书，反思自己在经营中的教训。他在书中坦言：“做人糊涂，企业就做不明白；做人不真诚，企业就弥漫伪善之气；做人投机取巧，企业便成了投机工具。”他强调，一个领导者可以犯错，但不能反复犯同一个错误，否则不仅毁掉企业，也毁掉自己。

在市场经济中，追逐利益无可厚非，但若被金钱与欲望蒙蔽了良知，人便沦为行尸走肉。这类人活着只是为了索取，他们不愿为成功付出努力，也缺乏与社会交换的能力，只能在市场洪流中被淘汰。

改革开放以来，社会转型带来大量机会，一些人利用制度漏洞迅速暴富。然而，这些暴富者多信奉“目的至上，手段不问”的原则，肆意掠夺社会资源，最终或锒铛入狱，或身败名裂。他们的失败说明：时势可以成就人，也能迅速抛弃人，商业英雄非终身制，财富更非“传家宝”。这类人往往沉迷于曾经的成功经验，不知时移世易，继续用非法或违规手段行事，最终被现实反噬。尤其是在一个日益规范化的经济体系中，过去的“聪明”正成为今天的“死穴”。

急功近利也是企业失败的重要原因。只看眼前的小利，忽视长远发展，结果往往是因小失大。正如古人所说：“欲速则不达。”成就大事业者，必不舍本逐末。真正的利益，不应只是短期回报，而应是基于长远、兼顾身心与社会的全面价值。

我们追求的利益，不只是“身”上的丰盈，更应是“心”上的充实。短期目标可以实现，但必须服务于长期战略；眼前利益可以争取，但要服从整体格局。唯有放弃浮躁，立足当下，稳步前行，才能真正走出急功近利的陷阱，走向可持续的、真正的成功之路。

二、成功的影响

1. 成功与失败

昧良心“成功”者的代价

许多看似即将成功的人最终跌入泥潭，根本原因往往不是能力不足，而是品格缺失与急功近利。他们热衷于追逐表面的荣耀，却忽视了内在的价值积累。为了所谓的“捷径”，他们甘愿放弃原则，牺牲诚信，以为这样就能更快登顶，却不知脚下的基础早已松动。

短视者通常只关注眼前的小利，忽略了事物发展的客观规律。他们的眼界只局限于当下得失，无法看清更宏大的趋势与未来的格局。在一场场机会的博弈中，他们频频押错方向，最终不仅错失了真正的机遇，还失去了他人对自己的信任。

他们以为牺牲未来换来当下的“成就”是划算的，却不知道这种“成功”常常代价高昂。那些靠虚假包装、关系交易和巧言令色获得一时红利的人，也许能在短期内风光无限，但时间终究是最好的检验器。真正的价值需要耐心打磨，而非急于求成的堆砌。

不顾底线的投机者，目光只盯着名与利，却忘了真正的幸福与成就来自于长期耕耘与稳健发展。他们拼命奔跑，满怀幻想，以为只要足够努力就能实现所谓的“弯道超车”，却不知如果方向错了，越快只会偏得更远。最终，他们连最基本的快乐与内心的宁静都难以获得，甚至在反复的挫败与虚无中迷失自我。

急功近利者看似行动迅速、善于把握时机，实则内心浮躁、缺乏定力。他们害怕等待，不愿扎根，总想跳过过程直接拥抱结果。于是，他们不断试图通过投机取巧来缩短路径，但正是这些取巧，拖住了他们通往真正成功的脚步。一个不愿为理想付出时间的人，终究难以承载成功的重量。

真正的事业，需要深谋远虑与持续投入，而非靠投机取巧一蹴而就。没有哪一份值得骄傲的成绩是偶然的，它背后无不藏着日积月累的努力与担当。而那些靠投机起家的人，虽然表面风光，内心却空虚不安；虽然一时得势，却难以长久。他们既没有远大的志向，也缺乏对事业的热情，只会在短期行为中耗尽全部精力，最终被现实打回原形。

他们也许曾尝到甜头，但付出的代价远超收获，甚至身心俱疲、终生空忙。很多人到了中年，才发现早年的成功只是昙花一现，而真正值得被铭记的，不是那些虚浮的光环，而是靠良心、责任与坚持铸就的成果。因此，那些昧良心的“成功”，从一开始就注定难以持久。它也许能赢得一时掌声，却难以抵

御时间的沉淀与道德的清算。真正的成功，不仅要看结果，更要看过程中的坚守与底线。没有良心的成功，不过是一场盛大的自欺，终将反噬其身，化为悔恨的代价。

成功与失败的抉择

人既具生理需求，又生活在社会中，必须在社会中实现自身价值。人生的意义并非仅靠满足自我，而是在为社会、为他人服务中实现。换句话说，一个人只有在贡献中才能获得真正的价值。若人生只围绕私利转动，最终必定被社会否定。一个破坏他人利益、无视公共责任的人，即便一时得势，也终将被历史淘汰。

斯多葛哲人爱比克泰德曾对一位富豪坦言：“你有银器，我有思想；你的欲望无止境，而我已感富足。”这不是物质与欲望的较量，而是精神世界的胜出。赚钱本无错，但若为了金钱失去理性与良知，让道德迟钝、精神贫瘠，忽视人性与美感，那它便成为罪恶的源头。当财富侵蚀了心灵，它带来的不是尊严，而是沉沦。

人性本慕虚荣，荣耀能激发快感，但不等于成功。真正的成功取决于动机，是为了造福社会，还是满足私欲。有良心的人，哪怕孤独，也能靠内心的力量坚守信念。相反，那些内心空虚的人无法直面自己，只能不断向外抓取，逃避内心的恐惧。他们害怕停下来，因为一旦停下，面对的就是良知的拷问。

如果我们希望在家庭、职场乃至社会中塑造人格魅力，就必须具备基本的道德和伦理。真正能让人走得远的，是良心、责任、勇气、同情与坚持，这些远比知识更重要。一个有价值观的人，哪怕学业平平，也更可能在生活中不断进步；而一个才华横溢却道德败坏的人，最终也难逃失败的命运。

2. 成效与破坏

社会的冰窟窿

当下，一些人急于致富，并且手段激进，虽短期内聚集财富，却往往伴随国家利益受损，更带来恶劣的社会风气。更令人担忧的是，某些人竟主张“经济发展必须付出道德代价”，将道德滑坡合理化，甚至美化为必要的牺牲。这种“代价论”逻辑荒谬，把为达目的不择手段视作合理，将恶行包装为发展动力，实为偷换概念。市场经济推动了财富增长，本属好事，但若因此带来价值观崩塌，道德沦丧，就如同用牺牲孩子换取猎物——代价太大，失去了根本。

在现实中，这种荒谬理论为道德失范者提供心理安慰，减轻其道德压力，规避责任，甚至成了掩盖不法行为的借口。有些人还引用马克思主义片段为其背书，却故意忽略经典作家对“贪欲”“恶”的严厉批判。事实上，对恶的历史总结不等于鼓励恶行，历史进步并不能洗白不道德的作为。

不会崩陷的坚实之路

什么才是真正的国家成功？洛威尔曾指出，是一个国家在

思想、道德、智慧与幸福方面对人类的贡献和满足。真正富有的人，不是财富堆积者，而是那些用财富助人、改善社会的人。一些年轻人急于求成，渴望快速成功，这种心态不可取。真正的成功，应从积累知识和经验做起。社会真正需要的是有素养、有训练、有道德的人。正如汉密尔顿所说："这个时代，需要的是训练有素的人。"

我们追求的，不应仅限于彩票、股票这样的短期收益。人类需要精神寄托与心灵滋养，需要"我是谁"的反思，需要艺术与美的滋润。如果整个社会只看重金钱增长、艺术品升值，真正的文化价值将被湮没，艺术将变成投机工具。

"让一部分人先富起来"之后，社会需奏响新乐章：守法、纳税、履行社会责任，追求高尚与卓越才是新时代的主题。我们必须从制度上重建规范，完善监督体系，防止道德滑坡，为富者设限，为权力设防，防止道德真空。权钱交易、政企不分，终将被历史淘汰。计划经济瓦解后，能否建立真正健康的社会主义市场经济，取决于制度创新与全民自律。金钱应是对贡献的回报，而非衡量成功的唯一标准。

三、现象与思考

1. 良心与昧良心的游戏规则

▶复杂的游戏场景

社会复杂、市场瞬变、人生多变，要在这样的环境中生存和发展，必须具备强大的适应能力与灵活的应变策略。这种“游戏场景”并非静态的棋局，而是充满变数的竞技场，每一个人都如同置身其中的玩家，时刻面对规则更替、局势逆转，甚至突如其来的风险与挑战。特别是在当今流行的“赶潮”现象中，很多人盲目追逐风口，希望凭借一股热潮迅速崛起。然而，缺乏前瞻眼光和冷静分析的人往往只赶到“晚潮”，不仅错失最佳时机，反而在风口过去之后陷入困境。各种潮流看似浩荡，实则瞬息万变，一步踏错，便可能满盘皆输。

现实中，许多人对成功抱有极高的期望，但真正脚踏实地去积累的人却不多。一些人沉迷于所谓的“快速成功学”，试图用幻想取代努力，用捷径取代过程。然而没有哪种成功是不需要成本的，尤其是在复杂社会结构中，任何轻率的决策和盲

目的跟风，都可能带来不可逆的代价。赶潮不是错，关键在于能否理性把握节奏和方向。凡事都有周期，潮流也是如此。有的人在潮头时犹豫观望，等到风口过后才匆匆入局，结果投入巨大却收效甚微。也有的人盲目追随，不问是否契合自己的能力与资源，只看热度，结果在追逐中迷失了本心，陷入投入多、回报少的恶性循环。

在这个信息爆炸、节奏加快的时代，社会对个体的情绪管理与抗压能力提出了更高的要求。现代人普遍情绪波动大，缺乏对挫折的承受力，目标尚未明确，心态已先崩塌。他们不善于设定长期目标，不愿花时间稳扎稳打，只渴望立竿见影的成果，然而理想终究无法靠幻想达成。

要想在复杂的"游戏场景"中脱颖而出，冷静思考与自我调适是必不可少的能力。不是每一场热潮都适合参与，不是每一次风口都适合起飞。在趋势面前，保持理性、审时度势，比一味赶风口更为重要。审慎评估自身资源、能力边界与市场时机，才能做出符合实际的选择。此外，真正的高手并不急于出手，而是懂得在暗中积蓄力量、洞察变化。他们深知：在喧嚣中保持安静，是一种稀缺的智慧；在潮流中坚持自我，是一种难得的定力。他们不以一时成败论英雄，而是以长远眼光布局，以清晰目标引导行动。

复杂的社会环境如同一盘没有说明书的棋局，规则未必公平，变数时常打乱节奏。但也正因如此，才显出冷静与智慧的可贵。在多变环境中立于不败之地的人，不一定是行动最快的人，而是方向最清晰、节奏最稳健、内心最坚定的人。因此，面对这个复杂的游戏场景，真正的策略并非盲从热潮，而是洞察本质、掌握节奏、把握时机，在变中求稳，在稳中求进。成功从来不是跟着别人跑，而是在自己的节奏中跑赢时代。

▶昧良心与有良心的游戏人群

财富，作为衡量社会资源分配与个人能力成果的一种表现，本应体现为勤奋努力与正当经营的回报。然而，现实中，有些“成功者”的致富路径却引发公众质疑。他们不是因为辛勤劳动获得财富，而是通过权力寻租、资本操控、信息不对称等“昧良心”的手段在市场上迅速获利。这种现象不仅拉低了社会对成功的价值认同，也扰乱了市场应有的公平竞争秩序。

在许多人的记忆中，曾有一批“榜样富豪”一夜成名，迅速跻身财富榜单。但这些“神话”背后的代价往往是道德失范与规则破坏。一旦风向突变，他们也迅速坠落，从辉煌走向崩塌。民众反感的从来不是“富”本身，而是“富得不义”“富得不仁”，尤其是那些赤裸裸利用制度漏洞或操控资源分配的不良行为者。譬如，某些企业主依靠逃税、违法用工、环境污染等手段积累原始资本，在表面光鲜的企业业绩背后，却是对社会成本的巨大转嫁。而某些政商勾连的案例中，权钱交易、裙带关系盛行，更是让人对财富分配的正当性丧失信心。

中国社会正处于深度改革与转型的关键阶段，制度建设日

趋完善，也在呼唤一种新的、正当的致富逻辑。真正健康的社会，不应以财富多少论英雄，而应以财富获得的路径是否公平合法、是否具有社会价值为衡量标准。在规则框架内，通过合法竞争和个人努力获得成功，不仅更有说服力，也更能赢得公众尊重。

公正的游戏规则

衡量一个富豪是否值得敬重，关键不在其资产总额，而在其财富的来源是否合法、过程是否透明、是否遵循公平正义的市场原则。市场经济的根基在于“机会均等”和“规则公平”，这是社会信任和长期繁荣的基础。如果这两点被破坏，市场机制就可能演变为权贵资本的游戏场，普通人将彻底失去上升通道。

“起点公平”意味着每个人都应在教育、就业、创业等方面拥有平等的机会，而“过程公平”则要求每一位市场参与者都在同一规则下竞技。这两个维度中如果任何一个被削弱，就会形成“内卷”或“劣币驱逐良币”的恶性循环，进而导致社会分层固化与广泛不满。

在这样的背景下，推动法治社会、构建公平透明的市场环境就显得尤为重要。政府需要强化监管机制，打击权钱交易、内幕交易等行为；企业自身要强化合规意识，树立长期发展思维；公众和媒体也应承担监督职能，弘扬正面典型，揭露不当行为。值得肯定的是，中国已经涌现出一批在阳光下成长的企业家，他们通过科技创新、精益管理、优质服务在市场上脱颖而出。他们以高质量发展为导向，不断创造就业岗位、推动产业升级、承担社会责任。他们的成功是制度鼓励的结果，也是奋斗精神的体现。

卓越的游戏赢家

真正的成功者，从不以财富多少来衡量自己的价值，而是以能否在社会中扮演更高效、有意义的角色来定义自己。美国前国务卿亚历山大·黑格曾在事业高峰时放弃高薪职位，转而投身公共事务，这种“价值观的转身”体现了成熟社会精英对责任与使命的深刻理解。

“泰坦尼克号”沉没时，部分上层社会人士选择将生存机会留给妇孺，以身殉船，这种行为并非被动接受命运，而是出于内心的尊严和担当。这也从侧面说明，人类社会真正向往的，不是金钱的堆砌，而是品格的坚守与责任的履行。

在当前中国社会，逐利之风尚未消散，财富仍被许多人视作成功的唯一象征。然而越是在这种大潮之下，越需要冷静思考：什么才是真正值得追求的成功？我们不缺懂得赚钱的人，缺的是既能赚钱又有社会良知、懂得承担责任的人。如中国电信业创业代表吴鹰，其创办的公司不仅在纳斯达克成功上市，还实现了高额纳税、数千人就业、推动行业技术进步。他的成功，不仅是经济意义上的，也是一种对社会有益的“正向成功”。这样的企业家值得被推崇，因为他们以实际行动诠释了“能力越大，责任越大”的精神内核。

成功的境界

成功不仅是财富和地位，更是对自我价值的实现与超越。当一个人将物质追求当作全部目标时，容易陷入迷失；而当其开始追求精神层面的成长，便迈向更高的境界。真正的成功者，会在奋斗中激发潜能、实现自我，并通过努力影响他人、回馈社会。他们不惧失败，不为成败喜悲，而是不断追求自我超越。

真正的富豪群体最推崇的财富品质包括诚信、把握机遇、创新、务实等。这些特质背后隐含的是一种精神姿态：不断追求卓越，不仅仅为了自己，而是为了整个社会的福祉。财富的真正价值，不在于数字，而在于过程的诚信和结果的贡献。每个人也许无法拥有同样的财富，但可以拥有同样的奋斗精神与价值追求。

2. 问题富豪

败落后的沉思

1997 年，《经济日报》总编辑艾丰提出“成功是失败之母”，最初并未引起广泛共鸣。但两年后，一系列知名企业家的败落事件接连发生，如“巨人倒塌”“牟其中受审”“中关村地震”等，引发社会深思。

改革开放带来了市场活力，也造就了大批富豪。然而其中不乏典型的“问题富人”，如赖昌星操纵的走私案，涉案金额达 66 亿美元，其手段之猖獗令人震惊。他之所以能积聚如此巨额财富，靠的并非商业智慧，而是对法律的蔑视与权力的滥用。再如禹作敏，在农村带头致富，却权势膨胀，甚至挑战国家法律。他的失败说明，脱离法治轨道的成功终将自毁前程。

许多这类富人，在“忘我”中迷失了方向，他们不是被失败击倒，而是被权力与傲慢吞噬。

对问题富豪的认识

“问题富豪”是对一类致富方式或行为失范的企业家的概括。他们或因监管真空钻制度的漏洞，或因道德滑坡而损人利己，成为改革过渡时期的特殊产物。“转轨富豪”指出这些人是在市场体系尚不完善的阶段崛起的，而“问题富豪”则揭示其发展中存在的原罪：手段不当，责任缺失。

金钱本身没有错，但若以破坏规则为代价去获取财富，就必须承担法律与社会的惩罚。从牟其中被判无期到杨斌因多项罪名获刑，表明经济犯罪日益受到法律严惩，富豪不再是“法律真空带”上的游侠。一位成功人士指出，“阳光富豪”至少应具备两项基本素质：一是为国家发展做出实质贡献，二是严格守法。这既是对富豪的定义，也是对其行为边界的基本要求。

有观点认为，“问题富豪”多是“钻政策空子”的高手。在金融监管不健全的阶段，他们往往借助关系打通关节，通过非正常手段获取贷款与资源，从而实现资本快速积累。但这种财富并不稳固，最终往往因权力链断裂而灰飞烟灭。

问题富豪败落的启示

金钱对社会发展有重要意义，它不仅满足个体需求，也推动社会进步。然而，金钱也有“度”的问题，一旦超出规则轨道，便可能异化为社会毒瘤。拿破仑·希尔曾说，追求金钱可以是一种理想，但不能成为唯一信仰。改革开放造就了许多财富故事，但其中一些人凭借权钱交易异军突起，靠贷款套利、资本腾挪、资源占有等手段垄断财富，并未真正贡献社会价值。更令人痛惜的是，这些人累积的财富大多被用于挥霍或转移，并未有效投入社会发展。金融风险随之放大，法治监管也随之收紧，“问题富豪”的“黄金时代”的终结只是时间问题。

这些案例的共同点在于：制度缺失让他们得以崛起，法治完善则促使他们走向衰落。短视操作终究敌不过规则回归，一个市场成熟的社会，不容许有“例外”的成功路径。

那些“问题富豪”就像一棵脆弱的植物，未经阳光洗礼难以长青。随着市场日趋规范，只有合法经营、公开透明，才能长久立足。中国的经济航船已驶入法治化航道，任何财富若想真正站得住脚，都需经得起阳光检验。否则，哪怕财富再多，都将拖着“原罪”的尾巴，终究难逃“反噬”。

▶走向阳光的希望

“问题富豪”的沉浮警示我们：必须加快制度变革，完善监管体系，让市场的每一份财富都经得起时间与法律的检验。同时，也寄望于富人阶层的自我觉醒。无论曾经如何，只要愿意转变思维、回归规则，仍能成为引领时代的力量。

在这个“阳光富豪行动”逐步展开的时代，我们期待有更多企业家站上前台，坦然接受公众监督与历史考验。他们的正面示范，将带动更多资本走向责任、良知与长远发展。中国经济需要创造财富，也需要有良知的财富创造者。让富豪成为社会价值的创造者，而非规则破坏者，是新时代赋予的历史任务。唯有如此，我们才能迎来一个更加健康、公正、可持续的经济社会结构。

3. 对问题富豪的社会思考

世间万物皆有“度”，人若放任欲望膨胀，往往会陷入失控的困境。情感与欲望一旦突破底线，理性便失去掌控，人生之路也易被引向偏轨，最终走向失败。唯有经历过挫折，方能意识到自身深陷的怪圈。

在中国经济迈入新阶段的当下，企业家应清醒认识到自己身上烙印着“时代的双重性”，既有市场的活力，也受制于制度的转型矛盾。因此，他们需要进行自我革新，提升素质，更新观念，推动体制改革，特别是在人格修养、文化视野、能力结构和身心健康等方面不断提升和完善。

现实中，不成熟的市场机制为一些道德失范行为提供了土壤。随着所有制结构的变化，非公有制经济迅速崛起，而法律和监管体系却未能及时完善，导致某些灰色地带被长期忽视，越轨行为频发。

市场经济的特性是以利益为驱动，这一机制在激励竞争活力的同时，也带来道德风险。部分人出于对利益最大化的追求，不惜采用违背伦理和法律的手段，在行为层面与道德底线发生冲突。首先，市场诱导人们关注自身利益，使少数人不惜突破伦理红线，以不正当方式追求暴利，这种行为对个人的道德养成形成阻碍。其次，市场逻辑强调“交换价值”，让一部分人将市场价格等同于全部人生价值，忽视了文化、责任、情感等其他维度的价值。这种“扁平化”的精神世界，使他们难以感知和认同更深层次的文化道德价值。再次，市场经济追求效率，允许“一部分人先富起来”，但由此引发的财富分化也带来心理落差。在缺乏法治观念和道德约束的前提下，部分人易走上非法致富之路，助长社会焦虑与仇富心理。但这并不意味着市场经济与道德必然冲突。市场制度本身并不“天然恶”，是否出现道德滑坡，关键在人。因为仍有许多人坚守“君子爱财，取之有道”的信念，坚持合法经营、诚信做人。

市场并非道德的敌人，一个有责任感的企业家，应主动承担国家、企业、社会的伦理义务，树立正确的财富观。只有处理好个人与集体、企业与社会的关系，才能真正达到道德自觉与人格成熟。此外，遏制道德滑坡还需完善制度保障。应建立健全的社会监督体系，强化舆论监督和司法监管，特别是要重点防范公权力腐败行为。因为权力失控往往是破坏公平、污染风气的源头。依法治国的基础在于依法治官，只有当制度对所有权力主体都具备约束力，社会风气才能回归清明。要及时曝光违法乱纪行为，让法律成为遏制道德沦丧的“防火墙”。

一个良好的社会道德环境，既来自于个体的觉醒，也依赖于制度的保障和社会的共识。唯有在法治与道德并举的环境中，市场经济才能沿着健康轨道运行，社会整体才能走向秩序、公平与正义。

【第三章】

成功的通途

人人都渴望成功，成功的大门虽向所有人敞开，却并非无需努力便可进入。所谓“成功秘诀”，其实并无秘密可言。古老的谚语如“天道酬勤”“无耕无获”“积少成多”，早已揭示了成功的本质：勤奋、坚持与积累。它们不仅经得起时间考验，也在日常生活中不断被验证，成为通往成功最可靠的指引。

一、成功法则

1. 积极进取的心态

成功学大师卡内基曾说：“人与人之间只有细微差异，但这种差异却造成了巨大的结果——差异在于心态，是积极还是消极；结果是成功还是失败。”这句话道出了心态对命运的深刻影响。

现实中，成功者总是少数，失败者却比比皆是。这并非源于才能的悬殊，而是心态的不同。在面对挑战时，消极者退缩逃避，而积极者则迎难而上，并凭借信念与坚持闯出新路。他

们内心反复对自己说："我要做到，我一定能做到"，并因此不断前行，最终收获成功。

奥里森•S•马登也指出，一个人若能用积极的眼光看待世界，其思维与处境都会发生转变。积极心态能扭转颓势、提升认知，让人以新的姿态面对生活。

当你确立了目标，就应全力以赴，坚定前行。不要徘徊、不要迟疑，要训练自我、激励自我、约束自我。在前进的路上，要有不怕吃苦、不惧失败的勇气，更要摒弃对遭遇挫折的恐惧。

持续的热情与进取之心，会让你在生活中更容易抓住机会，面对转型或职业挑战时也更加从容。这种状态会激发潜能，让人更愿意突破自己。

伏尔泰说："希望是人类最宝贵的财富。"希望不仅能缓解当下的苦楚，更能点亮未来的方向。人生有限，而希望无限，正是这种对未来的憧憬，激发了人们不断追求与奋斗的动力。虽然每个人的能力和条件不同，但通过持之以恒的努力，完全可以改变环境、创造机遇。只要不放弃希望，成功并非遥不可及。正如罗曼·罗兰所言："一个人应笔直地朝目标前进。"

成功与失败的最大区别，往往就在于面对困境时的反应。成功者用积极的思维主导人生，而失败者则让过往的挫折和怀疑主宰内心。乐观者看到的是光明和希望，悲观者看到的则是黑暗与障碍。不论你如何定义成功，积极心态始终是通往成功的桥梁。虽然积极不必然成功，但消极却注定失败。

人们面对环境有四种反应：离开、改变、适应与抱怨，前三者都是积极的应对方式，只有抱怨最为无力。在困难面前，要学会坚持。就像成功秘诀中说的：当你想放弃时，再次坚持下去。只要继续走，就总会迎来阳光。

哪怕前路迷茫，只要你坚信前方有光，就会有不断前进的力量。即使现在没有，也要相信“再往前一点”，一定会有。就如乌云再厚，也掩不住高空中的灿烂阳光。这种信念，就是你走出困境、迈向成功的内在动力。有了它，目标不再遥远，前途注定光明。

那些原本令人忧虑的事，若能被转化为前进的动力，便可能成为生命中的重要转折点。正视困难，以坚定的内心面对挑战，常常能开辟出新的路径，走出全新的格局。人生的奥妙，往往就藏在这种“化压力为力量”的过程中。一旦确立了清晰的目标，并将其内化为生活习惯，再加以不懈的努力，我们的生命就会像潮水一样，推动一切向着既定方向前进。你的意志力和热情会形成一种磁场，吸引机会、资源与人脉朝你汇聚，最终促成理想的实现。

2. 合作的精神

合作是人生的形式

合作是人生不可或缺的形式。所有持久的成功，都建立在人际和谐与协同合作之上。现代社会高度分工，一个人很难单

靠一己之力实现理想目标。在奋斗过程中，拥有志同道合的伙伴往往能带来支持和突破，使原本难以完成的事变为可能。

哲学家穆勒指出，人类区别于其他动物的最大优势，就在于合作的能力。通过资源、知识、技能的整合，合作不仅形成合力，还能实现效能的倍增。尤其在事业发展中，合作意味着分工与协调，是推动共同目标达成的重要保障。

无论是商业合作、家庭关系，还是个人事业的成长，缺乏合作意识的人往往难以走远。合作是建立在互信与沟通基础上的长久机制，它能凝聚力量，激发创造，为个人与集体带来更广阔的发展空间。

合作是成功的保障

以 20 世纪 90 年代 VCD 市场的激烈竞争为例。当时众多企业因恶性竞争陷入困境，爱多公司尽管广告深入人心，却因缺乏协同策略走向衰败。相反，在 DVD 竞争中，新科电子总经理秦志尚提出“联合共赢”的思路，促成了与熊猫、爱多、上广电等企业组成高品质联盟。

新科不仅共享其研发成果，还联合伙伴统一技术标准、销售价格与售后服务，最终提升了市场占有率、降低了成本，使联盟成员实现共赢。这一案例表明，良性的合作可以有效整合资源，提升整体竞争力。在成就事业中，集思广益、优势互补，才能取得突破性成果。只靠个人力量远远不够，真正的成功，往往是在构建有效合作网络的基础上实现的。愿意团结他人、共同担当者，更容易在逆境中迎来转机。

没有人能独自成功

一些人虽能力出众，却因缺乏合作意识，难以融入团队。合作不仅是技能，更是一种心态。很多人因对合作认知偏差，不愿放下身段与他人平等沟通，或不懂尊重、宽容、互惠，从而限制了自己的发展。

现代社会讲求团队精神。企业运转需要多样化人才，尤其是采购、销售、财务三类职能，缺一不可。若这几类人不能协同合作，企业将难以稳步前行。

有效的合作来自理解与认可。合作是一种智慧，更是一种格局。斤斤计较只会损耗人际关系，造成孤立无援。而宽容大度、乐于分享的人则能赢得更多伙伴，打开更广的发展空间。成功者大多经历过他人的帮助，也应以回馈之心帮助他人。就像红杉林那样，根系交错支撑彼此，形成坚不可摧的生命共同体。

合作是相互帮助

良好合作的前提是共赢思维。你帮助他人，最终也在成就自己。你的成功离不开别人的支持，你的成长依赖于整体环境的繁荣。

现代社会的专业分工决定了个体之间必须相互依赖。若能找到合适的伙伴，实现知识、技能、性格上的互补，再辅以共同目标和信任基础，就能汇聚强大力量，战胜前进路上的种种困难。企业遭遇的失败常因人才结构单一或无法协同，例如，

销售人员通常热情而主动，财务人员则理性而保守，二者若不能融合，就难以形成完整高效的团队。

比尔·盖茨的成功正是合作精神的典范。他与保罗·艾伦共同创建微软公司，两人优势互补，共同书写了一个科技奇迹。盖茨善于编码，艾伦擅长战略构想，两人合作无间，使微软市值一度超越通用电气，成为全球最有影响力的科技公司。即便合作过程中有分歧，盖茨依然努力修复与艾伦的关系。最终，艾伦重回董事会，两人共同建立的“艾伦－盖茨科学中心”至今仍铭记着这段深厚友谊。

成功者往往是善于激励团队、整合资源、推动集体前行的人。他们懂得分析自我和团队特性，知人善任，让每个人在合适的位置上发挥最大价值。

世界上有两类人：一类是“动力型”，敢于开创与突破；另一类是“平衡型”，善于稳定与协调。事业伙伴间若能互补协作，就能构建强大的团队力量。而那些缺乏合作精神、妄图孤军奋战的人，终会在现实中碰壁。在这个讲究适者生存的时代，真正有力量的，是那些懂得团结协作、融合众智的人。

不论从事何种职业，只要能与他人友好合作，就能更顺利达成目标。合作所带来的喜悦与成长，是冲突和竞争难以替代的财富。个人天赋固然重要，但若能将自己的智慧与他人的智慧相结合，就能产生更广阔的能量场，带来无法估量的成就。合作，不仅是通往成功的路径，更是成就事业的核心力量。

3. 敢为天下先的胆量

一个人面对挑战，应当有胆识和气魄，要自信坚强、勇于前行。三十年前，一位年轻人离开故乡，踏上人生旅途。初出茅庐的他拜访族长求教。老族长写下三个字：“不要怕”，并说：“人生秘诀六字，先告诉你一半。”三十年后，这位已到中年、历经成败的游子归乡，再访族长，得知老人已逝。家人交给他一个封套，内写三个字：“不要悔”。这是老人留下的另一半人生箴言。

这个故事告诉我们：人生要有梦想，也要有追梦的胆量。不怕，也不悔，才是成事之本。而真正的成功，更需要敢为天下先的精神。

邵逸夫便是敢为人先的典范。他 19 岁只身南下新加坡，带着一台旧放映机四处奔走，历尽辛劳，最终站稳脚跟，建立戏院和发行网络，奠定了日后邵氏影业的根基。1932 年，他拍摄香港第一部粤语有声片《白金龙》，开创有声电影时代；他推行“电影明星制”，创建全球最大中文电视台——无线电视，成就斐然。邵逸夫常说：“我用艺术家的眼光看电影，也用商人的眼光看市场。”其事业成功，让他跻身香港十大富豪之列。不仅如此，邵逸夫还热衷慈善，1973 年他设立“邵氏基金”，资助全国各地教育、文化、医疗事业，捐款总额高达 25 亿港元，留下深远影响。

个人如此，国家亦然。要实现繁荣进步，就必须秉持开拓

创新的精神，保持“敢”字当头的胆略。当前，我国正处于社会转型和体制改革的关键期，改革探索必然伴随风险与挑战。但也正因如此，面临的机遇才无比广阔。谁敢冒险尝试、抢先一步，谁就能掌握主动权。相反，畏手畏脚者，只能原地踏步，错失良机。

现代经营环境日新月异，慢一步就可能落后。只有抢先一步，才能占据先机，掌控主动。就像战场上的制高点，先到者掌握全局，赢得胜利。鲁迅曾鼓励人们要做“第一个吃螃蟹的人”。这种探索精神，正是走在时代前列的象征。敢于第一个尝试，不仅有机会成就伟业，更能看到更远的未来。

4. 实干家的气魄

从实干走向成功

成功并非天才的专利，更是属于那些脚踏实地、持之以恒的实干者。赛缪尔·斯迈尔斯认为，推动社会进步的往往不是少数天才，而是普通但勤奋的劳动者。只有靠实力和行动，才能实现自我价值、回馈社会。

你能给予他人和社会的，归根结底来自你的能力和成果。成功的路径是先积累实力，再追逐理想。只有这样，才能实现自我成就、帮助他人、造福社会。台湾作家刘墉说得好：“不要怕土地坚硬，只要有手，土地就软；不要怕路远，有脚就能接近；不惧高山，有毅力顶峰在前；熬过长夜，光明终现。”

世上没有哪块土地在勤劳的人手下不变成良田，没有哪条路在行进中不会缩短，没有哪座高山不在攀登者脚下低头，没有哪个黑夜不会被耐心守候的人迎来曙光。

实干者注重行动，对工作充满热情和责任感，珍惜时间，追求效率。他们不会因劳累而退缩，总是在追寻新的成长和突破。个人在社会中的地位与作用，归根结底都要靠行动来证明。行动推动着人与社会的关系变化，也影响着人与人之间的互动。每一个实际行动，都是你社会价值的积累，最终形成你在人群中的独特地位。

▶空谈误事

鲁迅告诫青年："最要紧的是行而不是言。"空谈终究无益，只有实践才能积累真正的能力。生活中，许多人喜欢高谈阔论，却不愿脚踏实地地付诸行动。他们羡慕成功者，却怕吃苦；谈论理想，却不愿从点滴做起；抱怨环境，却不愿扎实努力。最终，这些人往往错失机会，虚度年华。

空谈不仅浪费时间，还容易滋生烦恼。实干则让人专注、充实，带来更多的幸福和满足。

▶贵在行动

实干是事业成功的唯一通道。现代社会崇尚能力与执行力，只有身体力行，才能展现真正的才华。实践是联系理想与现实的桥梁，是主观意愿落地为客观成效的关键。比如早晨闹钟响起，你光想着"该起床了"，却不行动，结果依然停留在床上。

只有实际起身穿衣，才能让想法变成现实。

“唯有埋头，才能出头。”那些在工作中取得突出成绩的人，都是在长期坚持中以汗水和努力才换来成功。正如种子只有在泥土中挣扎发芽，才能成长为参天大树。理想和志向固然可贵，但光有愿望远远不够，关键在于脚踏实地的行动。成功需要一步一步累积，“登高必自卑，行远必自迩”。每一次进步，都是从第一步开始的。正如罗兰所说：“一次次小成功，才会积累成接近理想的大成功。”

珍惜每一个今天，把握当下的行动机会。今天的事情不能推到明天，明天还有明天的目标需要完成。每一天，都是创造未来的全新起点。

二、真正的成功

1. 自信——不败的成功者

常言道：失去金钱是损失，失去爱情是痛苦，但失去信心，才是真正的彻底失败。随着年龄增长与阅历积累，人们终会明白：嫉妒是无知，模仿是自我否定。一个人要想掌握命运，就必须认识到自身蕴藏着无限潜力。而这种潜力只有通过亲身尝试才能觉醒。

相信自己，是走向成功的起点。无数成功者之所以卓越，不在于天赋异禀，而在于他们敢于坚持自我、表达自我，坚定前行。成功学专家马登指出：一个人若始终将自己视为有价值之人，那么幸福与成功就不会离开他。

卑怯的代价

若一个人否定自身价值，自认为无能、运气差，注定难以达成任何成就。因为他将按这种认知行事，最终自我设限，难有作为。明确目标、坚定信念、相信自己，是成就人生的关键。自卑虽然产生原因复杂，但其本质是一种消极心态，极大抑制个人潜力的发挥。有自卑心理的人往往不敢设想更高的目标，不愿面对挑战。他们习惯安于现状，不思进取。与之相比，自信者始终向上，不断追求卓越。正如高尔基所言："一个人追求的目标越高，他的才能发展得越快。"

在职场上也是如此，一个唯唯诺诺、毫无主见的员工往往不被重视，而那些敢于表达观点、拥有独立人格的人，才更容易赢得尊重与认可。一个人若能以征服者的姿态面对生活，传递出必胜的信念，往往更能获得他人的信赖与支持。而自我否定、逃避现实，只会让机会与成就擦肩而过。

学会欣赏自己，尊重自己，相信自己有能力达成目标，这是通往成功的必由之路。

自信的成就

拿破仑·希尔曾提到克莱斯勒的故事。他凭借坚定信心投身汽车制造，从拆解新车学起，最终创办了克莱斯勒公司，使其成为与通用、福特并驾齐驱的汽车巨头，并与德国奔驰强强联合。

居里夫人也曾说过："自信，是迈向成功的第一步。"信心不仅激发人的内在潜力，更能点燃改变命运的勇气。

日本能力研究所的大野先生曾是学校成绩倒数的学生，但在父亲的鼓励下找回自信。他父亲指出他在生活中的表现，肯定其智慧，帮助他从自卑中走出。最终，大野脱胎换骨，成为著名学者。这种自我认同的建立，很多时候来源于"自我暗示"。通过不断积极地肯定自己，将信念深植于潜意识，进而转化为行动与成果。与金钱、背景、关系相比，自信才是最可靠的成功资本。它能帮助人战胜困难，克服障碍，坚定前行。

心灵中的潜力

我们每个人心中都潜藏着巨大能量，而自信是释放这些潜力的钥匙。缺乏信心者往往怀才不遇，即便拥有天赋也难以施展。而充满信心的人，即使平凡，也可能创造非凡的成就。

成功者与普通人最大的不同，就是在失败之前就深信自己能行。他们因此敢于拼搏、不畏风险，直至成功。

只有你自己，才能决定你的命运。当你充满信心、全力以赴时，没有人能阻挡你前行；当你沉沦消极、止步不前时，也无人能真正帮助你。信心是挑战困难的勇气，是关键时刻的灵感来源，是他人信任你的基础。它是一种强大的磁场，吸引资源、朋友和机会向你靠近。

古人云：“人皆可以为舜尧。”土耳其谚语说：“每个人心中都有一头雄狮。”这些话都在强调：潜力源自内心，而自信正是唤醒潜力的钥匙。缺乏信心的人，常陷于焦虑与惶恐，难以享受当下；而自信的人，则能乐观面对挑战，积极拥抱未来。

屠格涅夫说：“一个人的个性应如岩石般坚实，因一切成就皆建立于其上。”的确，自信是人格的核心，是内在力量的体现，是成功之路上最有魅力的光芒。即便经历失败与低谷，只要信心不倒，人便不会真正倒下。信心是重启希望的钥匙，是引领前行的明灯，是洞察机遇的眼睛。

信心能让你站得更高、看得更远。它是智慧的源泉，是人生的指路星，是通往成功的最佳导游。

2. 创造力——不竭的财富

▶创造浅议

人类认识世界的过程，离不开探索与创新。为了了解未知事物，我们不断尝试打破惯性思维、拓展认知边界，运用全新的方法和手段获取新的认知与能力。

在实践中，创新不仅体现为新概念、新理论的产生，更在于发明和创造成果的积累。这种持续的创新过程不断丰富着人类知识体系，为实现从“必然王国”迈向“自由王国”创造条件。

创新的本质是不满足于已有经验，敢于挑战未知。没有创新精神，社会只能在既有水平上原地踏步，甚至退步。创新推动社会进步，能开辟新的路径，造就真正的突破。

一个缺乏创造力的人，很难成为杰出的学者、卓越的企业家或优秀的领袖。他们可能只是跟随者，而难以成为引领者。在一个高度竞争与快速变化的时代，能否提出新思路、开拓新领域，往往决定了其能否脱颖而出。

创新不是科学家或发明家的专属。它存在于日常生活的方方面面，普通人在工作与生活中也能发挥创造性思维。新的目标、理想和追求，会带来新的动力，也孕育出新的幸福感。创新无止境，正如人的发展与完善也从未终止。

创新出效益

创新思维不拘泥于固定模式或逻辑路径，它是开放、灵活、多变的，往往伴随着想象、直觉、灵感等非线性思维形式，具有高度的创造性与个体性。

创新的核心在于“新”。它在思维方式、方法和结果上打破常规，产生独特的认知突破。相比之下，常规思维依赖已有知识体系，重复既有结论，缺乏探索性。

一个经典广告案例来自某品牌牛仔裤：广告指出“你衣柜中有几条牛仔裤，一条太紧，一条太松，一条过时……但总有一条刚刚好。”这种紧贴用户痛点的创意，使品牌脱颖而出。创新不仅是企业生存和发展的动力，更是吸引顾客、提高效益的关键。

现代心理学研究表明，智力水平、知识积累、实践经验和科学训练是创新能力形成的基础。也就是说，创新来源于观察力、实践力与训练力的综合塑造。

创意常常始于打破常规，而联想则是创意的土壤。历史上无数伟大的创造，如爱因斯坦的相对论、爱迪生的灯泡、松下的经营模式、吴百福的方便面，都是在超越传统、突破限制的基础上诞生的。

曾经，一家日本企业参展时被安排在顶楼角落，观众稀少。企业主灵机一动，在底层散发印有“可到顶楼换纪念品”的铜牌，引得观众纷纷上楼，展位人气瞬间爆棚。这种“换位思考”的创意正是创新思维在现实中的灵活运用。

创新没有固定模板，风险也常常伴随其左右。但即便失败，创新也能提供思维经验与方法启示，为下一次成功打下基础。就算是失败的尝试，也有重要的探索价值。每个领域都有改进空间，任何职业都可成为创新的舞台。有创造力的人，能以新思路解决旧问题，用新方法开拓新局面，进而成就非凡事业。

创造之路从不平坦，唯有不畏挑战、不惧困难，才能抵达成功彼岸。医学家帕拉塞尔苏斯就是典范。他摒弃传统医学，通过实践探索出治疗梅毒的化学疗法，尽管遭遇非议，却为医学带来了新生机。帕拉塞尔苏斯的精神提醒我们，创新需要勇气，需要无惧权威、敢于突破的魄力。正如拿破仑·希尔所言：

人类需要进步，进步必须依靠创新，而创新要不畏艰难。

一个年轻人无论从事何种事业，都应从一开始就树立创造意识，留下属于自己的印记。这种独特性与创新性，才是他最宝贵的创业资本。

3. 专长——成功的徽标

选择你的路

“我适合从事哪种职业？”几乎每个人都会面临这一问题。如果一个年轻人找不到适合的职业，他的生活将变得空洞无趣。确定终身事业的关键，是选择最能发挥自身优势的方向。

我们依赖向他人提供服务或商品谋生。当你所提供的价值被广泛需要，且不可替代时，你就成为不可或缺的人物。而“不可替代”，正是源于你所具备的专长。所谓专长，指的是你与众不同的技能或知识。它可以是一门手艺、一种技能、一项能力，甚至是一种直觉。你可以是厨师、设计师、律师，也可以是工程师、作家或企业家，但如果你什么都不会，就难以成功。

成功者几乎都有一项突出的专长。沃尔特·迪斯尼童年酷爱绘画和小动物，最终创立了全球闻名的动画王国，正是他的绘画专长成就了事业。而比尔·盖茨的成功，则是建立在他深厚的计算机技术基础之上。他早在少年时期就掌握了编程技能，还在中学期间参与实战项目，最终创办微软，引领信息技术时代。

盖茨 11 岁就展现出卓越的数学和自然科学天赋，1968 年他所在的湖滨中学成为全美最早开设计算机课程的学校，从此他便沉浸于计算机编程之中。高中时他就参与为公司编写工资程序并获得报酬，还和朋友创办了交通数据公司。这种早期的技术积累和实践，为他的日后成功打下了坚实基础。

专才能出成就

拥有广泛知识和一技之长，尤其是在管理、编程、法律、财务、广告等领域，能大幅提升个人竞争力。

几十年前，福特可以独立造车，爱迪生能一人发明多个电器，但当今世界分工更细，技术更复杂，个人成功往往依赖团队协作与专业能力。你若不能在某一领域成为专家，就很难立足于激烈竞争之中。

成为专家需要时间、精力和长期积累。专长不是天赋的偶然表现，而是日复一日专注与精进的结果。一旦拥有不可替代的技能，即使身处异地，也能白手起家、重新出发。一些人选择职业时只看重体面，而忽视自己的兴趣和能力，结果往往难以为继。取得成功的前提，是选择自己真正擅长并热爱的领域。若你在某种事业上缺乏天赋，最好及早放弃，转向更契合自身的方向。

对职业的选择需要深思熟虑，要深入分析自身兴趣、能力和适应性，评估是否能胜任，是否愿意全情投入。只有当职业与个性契合时，工作才会变得有动力、有乐趣，也更容易出成绩。找到适合自己的职业后，你将充满热情、干劲十足。你的活力

与专注也将影响周围人，激发更多积极力量。

每个人都应该成为专家

每个人都应该找到自己的位置和价值。选择职业的核心，在于深刻认知自己。在忙碌中，我们常常忽略了“为何而忙”。选择是否让我们实现理想？是否让我们保持热情与责任感？专长就是我们在某一领域最独特的优势，是成就事业的基础。

拥有一项专长，远胜于有十种想法。专注者不断提升技能，力求做到极致；而分心者常常顾此失彼，难以精进，终将一事无成。

现代社会竞争激烈，只有全力以赴投入某一领域，才能做出成绩，赢得机会。设想一下，如果你没有任何专长，会是怎样的处境？比如，一张桌子你做三天，木匠三小时就完成；一套服装你做一周，裁缝一天搞定；你查资料、写合同耗时数日，律师一小时就能起草；你销售不畅，而同事轻松达标……如此下去，你如何在职场脱颖而出？凭什么得到认可、赢得提升？因此，如果你尚未拥有专长，就应尽快明确方向，加大投入，坚定不移地深耕专业；若已有一技之长，也应继续打磨精进，力争卓越。

成功并非遥不可及，只要你拥有清晰的目标、坚定的信念和不断精进的能力，你终将在人生舞台上绽放光芒。

【第四章】

个性的魅力与魔力

在各种场合中，成功人士真正吸引人之处，并非财富或名声，而是他们的人格魅力。正如布莱克教授所说："金钱、权力、荣耀都非必需，唯有人格能拯救我们。"品格不仅决定一个人的高度，更是推动事业的重要力量。高尚人格常常决定着成功的可能性，因此，塑造良好的人格气质，是走向成功的关键一步。

一、令人愉悦的个性

1. 尊严启示录

与生俱来的尊严

尊重是人的基本精神需求。正如马克思所言："你希望别人怎样对待你，你就应该怎样对待别人。"尊重他人，才能唤起他人的自尊与自爱。若你亲切平和，平等相待，人与人之间的心理距离自然拉近；反之，若高高在上、盛气凌人，只会引起他人的反感与隔阂。我们要坚信，每个人都拥有实现伟大理想的可能。限制我们发展的，常常不是自身条件，而是狭隘的认知与怯懦的心态。若我们能放下抱怨与恐惧，积极面对人生，勇敢捍卫自身尊严，未来将更美好，人生也更充实。

历史与现实都在告诉我们：尊严不专属于幸运者，它属于每一个为之奋斗的人。

盲人作曲家张笑合的故事便是明证。小时候，邻居家的一台收音机让他第一次接触到音乐，为了拥有它，他坚持做了 20 天农活，哪怕腿受伤也不肯接受施舍。他要的不是同情，而是尊严与能力。多年努力后，他终于在音乐中找到自己的“太阳”。他的作品被电台播放，被知名歌手演唱，他也被评为“盲人十杰”。他用行动诠释了：尊严，是一个人站立于世界的底气。

给自己尊严

自尊是一种内在的自我认同和责任意识，它源于独立的人格与思想。自尊的人，懂得独立判断是非善恶，不人云亦云，不盲从权威。帕斯卡尔说：“人的全部尊严在于思想。”只有独立思考，才能保有真正的自尊。

有自尊的人，也更懂得尊重他人。他们自重、自爱，从不自暴自弃，也不会因他人看法而否定自我。正如诸葛亮所言：“恢弘志士之气，不宜妄自菲薄。”每个人都是独一无二的存在，无论外貌、身形或条件如何，都应正视并接纳真实的自己。相反，缺乏自尊者，往往试图掩饰缺点、盲目模仿他人。他们对自己没有信心，常常陷入抱怨与否定之中。而真正有自尊的人，则坚信自己的价值，勇敢面对生活，不怨天尤人，更不会轻易妥协。

自尊是与生俱来的力量，是你生而为人的底气。它不是外界赋予的标签，而是你内在价值的体现。当你学会真诚地评价自己，并设立更高目标，你就站在了提升尊严的新起点上。懂得尊重自己的人，也更容易赢得他人的尊敬。

获得尊严

尊严不是他人给予的，而是自我坚守的结果。若为了所谓的成功放弃原则，不择手段，那么其尊严便无从谈起。没有尊严的人，也难有真正的成就。美国一位网球运动员鲁本·冈萨雷斯的故事就颇具启示。在一次总决赛中，他在关键球命中后却主动放弃得分，承认球先落地。他因此输掉了比赛，却赢得了观众和对手的尊重，也保住了自己作为运动员应有的操守与尊严。这种选择与坚守，比胜利更有价值。

人与动物的根本区别之一，就是人有尊严。这种尊严，不仅是文明社会的基础，也是我们每个人作为“人”的根本所在。正因为人有尊严，所以我们有权要求被平等对待，有权捍卫名誉与人格不被污蔑。社会制度的正义、公民权利的确立、法治精神的彰显，无不以尊重人的尊严为根本出发点。尊严不仅是社会对个体的尊重，更是个体对自己的坚守。拥有尊严是我们存在的证明，是通往自由与幸福的通行证。

2. 热忱是一种万有引力

拿破仑·希尔认为，年轻人最大的魅力就是他们的热忱。

面对未来，他们满怀信心，几乎不相信“失败”会发生，坚信凭借努力与才智一定能闯出一片天地。

热忱吸引同伴

富有热忱的人，往往对人、对事充满热情。一个热爱工作的人，会展现出高度的专注、自发性和创造力，这种真挚的热忱具有强大的感染力，而那些把工作当成差事的人，则缺乏这种光芒。科学家巴甫洛夫正是热情工作的典范。60 年来，他每天坚持长时间工作，即使在假日也埋头实验。他用一生诠释了“以热情对待科学”的意义，也正因如此，才为人类做出了重要贡献。

卡耐基也强调热忱在成功中的关键作用，他自己虽不是技巧高超的演说家，却能用真挚的热情打动听众。热忱，是从内心自然流露出的情感，无法伪装。持续热情的秘诀，在于不断设立目标并为之奋斗，让人生永远处于奋进状态。

热忱推进事业

卡耐基引用魏廉生的话说：“成功者与失败者的差距，往往不在能力，而在热忱。”爱默生也曾断言，世上没有任何伟大事业不是出于热忱的推动。

当热忱与明确目标结合，它便成为一股不可抗拒的力量，激发想象，点燃创造，也能影响他人，引导其走向积极、向上的方向。它不仅是内在的情绪动力，也是一种渗透精神、贯穿人生的价值支柱。正如卡耐基所说，理智决定认识，热忱决定

行动。没有热忱，再强的能力也难以发挥。反之，有了热忱，即使平凡的人也能爆发惊人的潜能，点燃梦想，实现价值。

▶热忱激发心灵

热情不仅能增强精力，还能塑造个性。有些人天生热情，也有人需后天培养。最有效的方式是做你真正热爱的事。即使暂时不能从事最理想的工作，也可以将它设定为目标，持续激励自己。

在没有资源、没有条件时，热忱同样可以打动他人，促成合作。它比能力更具吸引力。

历史上不乏年老仍保持热忱的人：诗人德莱顿七旬翻译《埃涅伊特》；霍尔六十岁学意大利语，只为阅读原著；诺亚·韦伯斯特六十岁掌握第 17 门语言……热情使人精神常青，保持对生活的热爱和奋斗的动力。

热忱也是一种具有传播性的能量，不仅鼓舞自己，也能激励他人，造就影响力。最伟大的领导者，正是那些能激发他人热情的人。

▶热忱促进成功

热忱如同燃料，为心灵的引擎提供动力。没有它，遇到困难容易气馁；有了它，则能将挫折转化为前行的力量。当我们努力寻找热忱的来源，便是在唤醒内心真正的激情。对工作充满热情的人，不仅效率高，更具影响力。

耶鲁大学著名教授威廉·费尔波在《工作的兴奋》中写道：

“教书是我最大的热忱，就像画家爱画画、诗人爱写诗。”他以满腔热情面对工作，从中获得巨大的满足，也激励了无数学生。

▶ 热忱助长成功

即便是在高度技术性的领域，热忱依然至关重要。诺贝尔物理学奖获得者爱德华·亚尔顿曾说：“在科研中，热忱往往比专业知识更重要。”

卡耐基也强调，热忱要通过眼神、动作、行为传递出来，而非停留在言辞。只要你热爱一件事，就能以此为核心，延伸至其他领域，激发更广泛的热情。拥有热忱的人，往往拥有持续追梦的力量。他们像最伟大的开拓者一样，用一颗炙热的心，把梦想变成现实。热忱，几乎就是成功最稳定的燃点。

3、爱与信念

▶ 爱的力量

爱是一种巨大的能量，能感染身边的人，融化一切负面情绪。拥有足够的爱心，就能成为真正有影响力的人。人生中，我们追求的不应只是成就与知识，更应涵养宽容、同情和高尚的精神。专注事业固然重要，但不能封闭自我。要让心灵通透如窗，光亮由此射入；要给思想以自由，释放内在的热忱与感恩，让情感丰盈人生的深度与广度。

哲学家笛卡尔曾说：“人道是人类天性的目标。”人类所尊崇的天使或神祇，不过是我们对理想人格的向往。真正伟大的，

是内心对人性的敬重和对美好的执着追求。

盲人作曲家张笑合就是爱的见证者。童年的他因爱上收音机里的旋律，于是用劳作换来一台属于自己的收音机。他不接受施舍，坚持自立，用音乐点亮生命。经过多年苦练，他最终让自己的作品登上了广播电台，也赢得了“盲人十杰”的荣誉。他用行动诠释了：爱是内在的光，能照亮前路，也温暖人心。

爱即信念

爱需要表达，也只有在给予与接受中，人的潜能才能被真正激发。在充满爱的氛围中，人才能健康成长、自在发展。我们要学会交往与亲密连接，也要懂得独立自持。

人生最大的幸福之一，便是知道在这个世界上，有人真心相信你。白朗宁写道：“他望她一眼，她对他微笑，生命便苏醒。”有了爱，人生焕发生机，希望油然而生。

信念的力量无可匹敌

信念，是一种唤醒潜能的力量，它让人面对挑战依然坚定不移。据说拿破仑只要亲临战场，士兵的士气就能倍增，因为军队真正的战斗力，源于对将帅的信任。一个人若有坚定的信念，即使能力平常，也可能成就非凡事业；反之，即使才华出众，若犹豫不决，也难以有所作为。

信念就是内心的指针。没有信念，就缺乏方向与动力，人生很难前行。而坚持信念的人，常常就是那些最终成就伟业的人。

信念助你美梦成真

拥有强烈信念的人，总会为目标执著前行，即使遭遇质疑、失败也不退缩。他们相信自己的信念绝不会错，坚持下去，常常能突破极限，取得成功。克莱德曼说："一个有信念的人所散发出的力量，不亚于99个仅心存兴趣的人。"信念不仅决定方向，还能唤醒深藏心底的能量。

信念像灯塔，照亮我们前行的道路。没有它，我们就像漂泊在海上的船只，无法抵达理想彼岸。人类历史上的伟人，无不以坚定信念引领时代，如布鲁诺、哥白尼、哥伦布、爱迪生、爱因斯坦等。他们不仅改变了世界，更塑造了人们的信仰。

把握信念

通向成功的道路上，信念是最根本的心理支柱。只要坚持信念，便已握住了成功的一半。拥有信念的人，自我评价更高，面对困难更坚定。自卑和犹豫无法在他们心中生根，因为他们始终坚信："我可以做到。"他们相信生命承载着使命，若不能将这份生命发挥到极致，便是对世界的一种缺失。

心中若有坚定信念与明确图景，便能产生强大的驱动力，冲破自我设限，唤醒潜藏的力量。要获得成功，必须学会清除内心的恐惧与焦虑，用希望与信心取而代之。这就是内在建设的艺术，是走向创造性人生的必修课。

人的行为往往受信念支配，那些具备成功要素却未能成功的人，或许正是信念缺失的结果；而那些看似平凡却成就非凡的人，往往正是信念坚定的实践者。无论过去如何失败，只要

你信念未失，今天仍可重新开始。重要的不是过去的结局，而是此刻的信心与行动。失败不可怕，可怕的是对失败的恐惧。一旦陷入恐惧，便难以迈步前行。信念，是击退恐惧的最好武器；只有怀抱信念，才能在低谷中崛起，迈向光明。

4. 礼貌和教养

礼貌与教养是一种无形的财富，无论身处何地，它都会如阳光般令人温暖。它不仅点亮他人的生活，也成就了自己的人生。

教养即资本

教养往往能改变一个人的命运。法勒希先生曾因为深夜为一名小女孩重新开门买水果，而赢得了全城的赞誉和顾客；美国总统杰斐逊则因向一位黑人奴隶脱帽致意，教导孙子尊重他人，展现了教养的力量。马登认为，良好的教养就是通行全球的“护照”，举止优雅的人，即便没有财富，也能赢得尊重与成功。真正的修养不仅提升气质，也能强化人格尊严，让人从容面对粗俗与轻蔑。约瑟芬是拿破仑的重要助力，她的风度和魅力在法国民众心中如偶像一般。她曾说：“我希望身边所有人都每天快乐。”这份内在的温和与优雅，远胜于外表的吸引力。

正如希腊人崇尚的美是从内在品格中散发出来的气质，那些真正具有影响力的人，往往是因为他们的礼貌、风度和修养。卡耐基也强调，一个人成功 85% 取决于人际关系和处世技巧，而非专业技能。

教养即收获

教养不仅是自我修炼的结果，也会带来现实收益。当面对羞辱或挑衅时，保持冷静就是最好的反击。密尔顿在演讲中面对攻击时选择沉默以对，最终赢得尊重；布朗特则说：“情绪激动会让小错变大错，冷静才能赢得辩论。”

卡耐基提出，人也要树立“品牌”，就像商品一样。一个人的言谈举止、待人接物，构建起他的人格标签。莎士比亚说：“上帝给了你一张脸，你却自己再造了一张。”内在美才是持久之美。外貌普通的人，只要拥有迷人的个性与教养，同样能在人群中散发独特魅力。心灵美能感染他人，也能让最平凡的容貌散发动人光彩。修养让人拥有力量，也能使环境更温暖、生活更美好。

教养铸就成功

教养不仅塑造人，也守护人。它是行为的边界，是防止人生滑落的“安全阀”。一个有教养的人，在复杂的人际关系中更能立足，在面对诱惑时更能坚守底线。李嘉诚曾指出，企业经营需借助西方管理理念，而做人处世应借鉴中国传统智慧。他强调，以谦虚待人，以修养立身，是事业成功的重要基石。

一个人的品性，常常从细节中体现出来。教养不张扬，却时时显现于人的谈吐、举止与待人之道中。没有教养的人，即使有知识、有才华，也难以赢得真正的尊重。正如培根所说：“礼仪重要，但不能卑躬屈膝。”礼貌是分寸的艺术，得体的举止

能让你在人际中更游刃有余，而不是沦为奉承与软弱的代表。

在与人交往时，最关键的是让人愿意与你相处。温和、大度、宽容、谦逊，这些看似微小的修养细节，却能在无形中影响命运，成就事业。这种价值，远超金钱带来的回报。

5. 宽容赢得空间

宽容是一种境界，是心灵的扩展。学会感动、学会爱、学会不计较，我们的每一天都能在光明与希望中开始。真正的宽容不仅是观念，更是一种实践。

▶宽以待人，严以律己

真正的力量不是打击别人，而是包容别人。帮助他人，不但不会损失，反而常带来意想不到的收获。相反，吝啬与冷漠只会让人陷入孤独。

看不到别人的优点，往往源自内心狭隘。唯有以善意去看待他人，才能发现他人的闪光点。正如笛卡尔所言："反对的声音对我有益，它要么让我看清自己的错误，要么让我看到更多的视角。"

面对批评，我们无需辩解，只需反思。反省是一面镜子，能照见我们自身的不足，帮助我们不断进步。当我们习惯只盯着别人的缺点，却忘了背后的自身问题，成长也就无从谈起。

▶要求自己，理解他人

处理人与人之间的关系，关键在于态度：要求自己，理解他人。在人际交往中，不可避免会有摩擦，但若总将矛盾归咎于他人，不从自己找原因，问题将难以解决。

与人为善，不是软弱，而是一种智慧。用宽厚对待他人的不足，不仅能激发彼此积极性，也有助于营造和谐的人际环境。反之，斤斤计较、戒备心重的人，只会离他人越来越远，陷入孤独与焦虑。

宽容是一种人格魅力，能赢得尊重，也能赢得人心。愿意体谅和善于鼓励的人，往往更容易走向成功。

▶宽容给予自我空间

人生难免风雨坎坷，能否潇洒生活，在于内心是否豁达。豁达源于自信，而自信是精神的力量。豁达之人，敢为敢当，心胸开阔，凡事放得下，也能走得更远。豁达并非纵容，而是一种清醒的智慧。对他人的攻击、误解，若能选择原谅与淡忘，心理便少些负累，多些宁静。与不同性格、不同背景的人共处，保持尊重、理解与合作，更有利于拓展人际关系和事业发展。

面对人与人之间的差异，我们要学会欣赏而非排斥。即便对方有缺点，也要看见他的长处。若一味挑剔，不但破坏关系，也限制了自身的成长空间。

▶宽容为他人留白

每个人都会犯错，每个人都有不足。我们无法也无权替他人设定标准，更不能用自己的喜好评判他人。真正的宽容，是在承认差异中寻找理解，在尊重不同中建立连接。

自爱是自我肯定，自重是人格尊严，而真正的宽容不是自私自大，而是理解与尊重他人的存在价值。胡适曾言："若想别人容忍我们，首先要学会容忍别人。"这是为人处世的黄金法则。拥有宽容之心的人，通常更有远见。他们善于吸收不同观点，接纳多样声音，心胸宽广而不闭塞。在多元世界中，唯有开放的心灵，才能走得更远。

宽容，不仅是人际交往的润滑剂，更是人格修养的体现。能容人之短，能听人之言，便能赢得更多朋友与机会。缺乏宽容者，终将被狭隘困住，错失成长与合作的良机。

二、品格铸造的人生

1. 勤奋，则战无不胜

通往成功的必由之路

很多人看到别人的成就后心生羡慕，却忽略了对方背后的辛劳。他们幻想一飞冲天，却不肯脚踏实地地努力。古语说得好："与其临渊羡鱼，不如退而结网。"成功从不眷顾等待它的人，而是回报那些默默耕耘的人。

冰心曾言："成功的花儿虽令人赞叹，但它的根须却浸润着泪水与汗水。”确实，所有值得期待的成果，背后无不藏着无数次的坚持与付出。要成为博学之人，就需有“书山有路勤为径”的信念；要实现远大理想，唯有艰苦奋斗、勇往直前。

真正的成功者不是幸运的宠儿，而是坚持奋斗、不惧失败的人。爱迪生历经数千次试验才点亮世界；诺贝尔无数次探索才发明炸药；富尔顿花九年打造轮船；爱因斯坦十七年潜心研究才有《相对论》问世。他们用行动告诉我们：所有辉煌的背后，都是咬紧牙关、默默攀登的人生。

艰辛并非苦涩的代名词，它也是快乐的源泉。当你明确目标，理解奋斗的意义，就会在拼搏中找到成就感与幸福。

用汗水编织的桂冠

光荣的桂冠从来不是凭空而来，而是由荆棘编织。中国奥运健儿摘金夺银，靠的是日复一日的苦练和对理想的坚持。正如一位教练所说：“每天重复相同动作长达十小时以上。”这种坚韧不拔的精神，才是通往成功的真正力量。古人云：“锲而不舍，金石可镂。”有目标还不够，还需持之以恒。居里夫人耗费二十年从矿石中提炼出一克镭；陈景润日日夜夜演算公式，才向“哥德巴赫猜想”逼近，他们靠的正是一种不懈追求的执着精神。

在职场亦然，仅完成分内工作只能称为合格，唯有超出预期，才有机会脱颖而出。每多付出一点，就多一分收获。越是主动承担，越容易赢得信任与肯定。而你在服务中所投入的态度和

努力，终将以某种形式反馈给你自己。正如斯迈尔斯所说：“任何杰出成就，都源自勤劳实干。”他总结大量成功者的经历，得出的结论就是：勤奋是最基本也最可靠的成功法则。

从瓦特身上读懂勤奋

斯迈尔斯尤为推崇瓦特，他称其为“最勤劳的人”。瓦特为改进蒸汽机，十年如一日地试验，不停完善。最终，他的发明推动了工业革命，为社会带来巨大的变革。瓦特的成功，离不开持续的努力与不懈的试探精神。他证明了一个真理：不是最聪明的人最容易成功，而是最努力的人最有可能脱颖而出。成功不仅靠才华，更靠积累、磨练与实践。坚持不懈，哪怕起步慢，也终将走得更远。

成功靠的不是一时的激情，而是长期的坚持与稳步前行。正如意大利谚语所说：“走得慢但坚持到底的人，才是真正走得远的人。”

奋斗，是一项终身的事业

奋斗并不总是愉快的，但它确实孕育了真正的快乐。古今中外无数仁人志士之所以坚持不懈，是因为他们深知：奋斗本身就是一种幸福。方志敏曾说：“奋斗才能生存，奋斗才能带来快乐。”人生短暂，惰性是最大的敌人。只有不断挑战自我，才能成就不凡。战胜惰性，就是赢得命运。

真正的成功者从不止步。他们不会被短暂的成功冲昏头脑，反而更加专注地前行。居里夫人获得诺奖后照常实验，把奖章留给女儿当玩具，因为她深知：实验室里的探索才是人生的至高乐趣。从这个意义上说，勤奋是一种比成功更宝贵的财富。它不仅带来荣誉，更塑造人格，提升精神。那些终生坚持奋斗的人，往往在人生的长河中熠熠生辉。“业精于勤荒于嬉，行成于思毁于随。”机会总是青睐那些始终努力的人。

2. 意志的力量，无坚不摧

从畏惧到刚强

微笑面对逆境，直到逆境向你投降。逆境并非永恒，只要心中有光，黑暗也将退去。许多人在顺境中停滞，却在逆境中成长。每一次挫败都可能成为通向成功的阶梯。桑纳曾写道，当他站在林外惧怕黑暗时，一旦迈步进入，眼中便不再是漆黑一片，而是树影婆娑。只要你敢迈出第一步，世界便会回应你的勇气。

坚定的意志是成功的前提。没有破釜沉舟的决心，就难以跨越艰难险阻。马登指出：“一个人的成败，全系于意志的强弱。”有些青年雄心勃勃，却缺乏恒心，一遇阻碍便退缩，终难成事。意志是一种无形的力量，驱散犹疑与懦弱，让人坚定前行。

意志所向，失败无路可逃

肯特·伯明翰的故事是意志力最生动的注脚。18 岁那年，他立志重现意大利瓷釉的光泽。多年的试验屡屡失败，家产耗尽，但他从未放弃。最后，他甚至拆掉家中木栅和家具作燃料，终

于炼出理想釉色。这种近乎偏执的坚持，才成就了他的艺术突破。再如莫顿，他连续 16 次竞选州长终以一票险胜，其对手都为其不屈精神所动。提香、贝多芬等许多艺术巨匠的作品背后，也都是多年沉寂后的爆发。他们靠的不是运气，而是意志。

面对困境，赫尔克里斯披狮皮迎战命运；苏东坡则强调“成大事者必有坚忍不拔之志”。意志之力，让平凡者也能不凡。这种意志包括四个核心品质：

（1）勇敢：为信念勇往直前，不惧牺牲；

（2）坚忍：不达目标誓不罢休；

（3）顽强：经受痛苦仍不倒下；

（4）自制：抵抗诱惑，坚持原则。

当你确立奋斗目标，前路必有阻碍。真正的强者不是没有干扰，而是能在干扰中坚持方向。

忍者无畏

意志力常在关键时刻决定一切。在现实中，困苦、失败、挫折接踵而至，唯有靠坚定的意志，才能挺过风雨。就像航海者逆浪前行，只有搏击风浪的人，才有资格欣赏彩虹。那些真正的强者，越是在困难中，越能迸发出无穷的力量。他们不屈服于贫困、不屈服于环境，反而从中汲取营养，铸就钢铁般的意志。

成功者之所以成功，不在于天赋，而在于跌倒之后是否还能爬起。失败并不可怕，可怕的是放弃。在一次次失败后仍坚持不懈，正是成功的秘诀所在。爱迪生就是如此，他发明电灯时进行了14000多次试验，寻找灯丝材料尝试了1600多种。面对质疑，他从不动摇，还鼓励年轻人："我不是失败了一万次，我只是找到了上万种行不通的方法。"他发明蓄电池前后尝试了五万多次。当助手动摇时，他说："自然不可能这么吝啬。"最终，他真的成功了。这种坚定的信念与不屈的耐力，才是通向伟大的通行证。

一个人是否具备高水平能力，并不能决定其成败；关键在于他是否具备面向逆境坚持到底的韧性，是否能像海燕一样，顶风破浪，越挫越勇。

意志创造奇迹

意志的力量，使人们在看似不可能之时显现其真正价值。一次又一次失败的背后，若仍然能够坚持下去，终将迎来曙光。许多人其实并不缺乏能力，失败的真正原因，是不能在挫折中坚持走完那"最后一公里"。一些人在遭遇数次失败后便心灰意冷，失去了继续的勇气。而真正的成功者，跌倒一百次，便爬起一百零一次，从不怀疑目标的方向。只要你咬紧牙关、坚持到底，意志力终会将你推向胜利。正如水只有达到沸点，才能变成蒸汽推动机器，人也只有在意志达到"爆发点"时，才有能力启动命运的齿轮。

意志不是天生的，而是在奋斗中养成的。一个有信念、有目标，并始终如一向前的人，他的勇气与力量，便足以抵御人

生的一切风雨。

3. 认识你自己

认识自我

爱尔兰戏剧家王尔德曾说："那些自称了解自己的人，往往最不了解自己。"确实，认识自己是一项深刻且复杂的功课。我们时常对着镜子反问："这真的是我吗？"所谓成功，并不只是名利的累积，而是能自由地做自己喜欢的事，成为自己想成为的人。很多人的不幸，源于对自身的误解和背叛。如果不清楚自己的性格和定位，容易迷失方向，产生疏离感，进而否定自己、嫉妒他人，许多心理问题往往源于此。因此，正确认识自我，不仅是个体成长的前提，也是对社会的一种责任。

一个人若不能判断自身条件而盲目跟风，最终只会事倍功半。比起模仿他人，更应根据自身条件做出恰当选择。正如经商者若不顾自身条件，只照搬他人的模式，结果往往是失败。成功从来不是复制别人的路径，而是走出自己的方向。

兴趣是自我认知的重要线索。有爱好的人，生活才充满色彩。青年人应将精力集中于适合自己的方向，全力以赴，才可能取得突出成果。

作家刘墉曾鼓励年轻人："你要拥抱未来，就得背负责任；要获得成功，就得舍弃当下的安逸。"成功的背后，是对自我的约束与激励，更是对自我价值的不断探索。

对自己性格的了解，是认清自我的基础。性格虽相对稳定，却并非无法改变，尤其当它阻碍了成长之时，改变就成为必要。心理学将人的气质大致分为三类：

（1）分裂型：自我意识强，独立性高；

（2）躁郁型：情绪波动大，情感丰富；

（3）粘着型：注重秩序，思维严谨。

准确识别自己的性格特征，能让目标设定更符合实际，避免无谓模仿，提升内在自信，活出真实自我。

许多人一生都在追求，却始终不知道自己真正想要什么。面对外界的标准要求和诱惑，我们容易迷失方向，用别人的期待定义自己的价值。希尔曾指出："人生最难的，不是奋斗，而是先弄明白自己要什么。"盲目行动往往带来悔恨，唯有沉淀思考，才能厘清内心的声音。认清自我、明确目标，是行动前的关键。只有清楚自己的方向，才能在多变的世界中从容前行。

突破自我

每隔一段时间对自己做一次全面评估，是一种良好的自我管理方式。包括身体、知识、情感等多方面，列出优点与短板，再思考实现理想所需的特质与能力。若现实的自己与理想的自己趋于一致，说明方向是切实可行的。美国演员彼德·乔里曼在获得奥斯卡奖后并未出席领奖，而是继续寻求突破。他坦言："得奖那天，与平常无异。"正因为如此，他没有被荣誉束缚，反而以更高的标准前行。

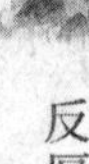

真正的自我认知，是突破当下的成就，而不是被其限制。刘墉在书中提到：很多成名人士因承受不了名望压力，最终沉迷于酒精和毒品；在达到顶峰后，他们却迷失方向，甚至无法承受名誉的重量。诺贝尔奖对某些作家而言，反倒成了“创作终点”。川端康成曾说：“名誉容易让人失去创作的动力。”若年轻人因为获得一个奖项就止步不前，那将成为成长的绊脚石。因此，我们要学会安排自己，找准位置，拒绝浮躁。事业成功的起点，是接受现实，认清自己，设定明确目标，并以坚定姿态迎接每一个挑战。认识自己，不仅是发现天赋与优势，更是不断超越已有成果。在明确自身价值的基础上持续突破，才能在人生道路上走得更远、更稳。

4. 永不停歇地追求

追求无止境

一个人若想获得辉煌成就，首先必须有追求。追求，是一种源自内心的渴望，是想要将理想照进现实的愿力与动力。正是这种力量，推动着人类不断前行，也决定了一个人一生的高度与广度。刘墉在《谈进取》中指出：真正的成功不是一时，而是持续二十年、三十年甚至一生的不断超越。人生如登山，有人登顶便止步，有人中途折返，也有人在山巅望见更高的山，转而继续攀登。人生的“山”永远不会封顶，只要你心中还有热望，每一个明天，都是新的挑战。成功之后更要保持清醒，谦虚谨慎，总结经验，不断调整目标，持续进取，这样才能在已有成绩上再创高峰。目标太低，会削弱斗志；目标越高，越能激发潜能，逼迫你调动全部能力去达成。

追求，是人生之路的方向盘。没有目标，人就会停滞；追求越坚定，潜能越能被激发。没有追求的人，其天赋只能沉睡，难有作为。卓别林的艺术成就，是其坚定追求的结果。他经历了贫困与冷遇，却不曾放弃热爱与梦想。他能在苦难中奋起，在鲜花中保持清醒，正因他心中始终燃烧着不灭的追求。

人类的追求丰富多样，有高尚的，也有低俗的。高尚的追求符合社会利益，引领人走向光明；低俗的追求违背公德，常使人误入歧途。追求的目标与性质，取决于一个人的人生观。正确的人生价值观带来有益的追求，错误的人生观则可能导致堕落。因此，每个人都应不断修养自身品德，建立健康的人生观，用高尚的追求指引前行的方向。

追求成就人生

实践证明：有追求的人生才有可能闪光。一个人若没有目标，只会随波逐流、碌碌无为。反之，有所追求，就能明确方向、集中精力，从而创造价值。人生的幸福，需要靠自己创造。当外界环境不如意时，不应一味抱怨，而要反思是否尽力去争取，是否踏实履行了本分。若能力有限，那就重新调整方向，换条更适合的路。抱怨路不平，不如先问问自己的脚步是否坚定；畏惧高坡险滩，不如先锻炼膝盖的力量。

追求本身，就蕴含着成就感。一个人如果有明确目标，并为之努力，不仅能创造事业上的价值，还能在内心获得满足与喜悦。健康、幸福、充实，是成功的真正写照。而这份成功，不靠幸运，而源于不懈的追求。

三、诚信，永不失败的戒律

诚信是一道标签

原一平说：“建立在自尊基础上的诚实，是迈向成功的不二法门。”一个人若想赢得信任，首要便是守信。

真正的诚信，不仅是做人做事的根本，更是一种写在脸上的品格。信守承诺的人，无论走到哪里，都会赢得尊重。面对两人的承诺，人们更倾向于相信那个让人放心的人。这种人往往坚定不移、值得依赖，拥有不变的高贵气质。他们是忠诚的朋友，是勇敢的劝诫者，也是值得托付的人。李嘉诚教育儿子说：“在承诺之前要深思熟虑，一旦作出承诺，无论多难都要坚持到底。”诚信不仅是一种态度，更是一种责任。哲人曾言：“若暂时找不到诚实的美德，也应在诚信中投资，它将是你最宝贵的财富。”

信誉是商人的生命线

在商场上，信誉比利润更重要。一旦失去信任，哪怕资金雄厚，也无法维持长久的交易。短期的欺诈或许得手，但终究不能长久立足。乔伊斯曾言：“事业的根基是诚实，而非华丽广告。”林肯在做律师时，若客户不占理，他宁可拒绝代理，也不愿违背良知。他说：“当我在法庭上发言时，不能欺骗自己。”正是这种操守，使他赢得了广泛尊重。

一位老商人告诫年轻人：“很多人愿意因为你的信誉而赊账给你。一个有信用的人，即使起步资金不多，也能赢得机会。”真正成功的商业关系，建立在良好的名誉与诚信之上。

真正的诚实者，纵然有缺点，也让人感到安心。他们诚恳坦荡，容易与人建立信赖关系，也更容易获得人生的幸福和事业的成就。

诚信是人生的财富

即使一个人一无所有，只要还拥有诚信，便拥有了改变命运的资本。它是支撑人格的根基，是维系社会信任的纽带。正如鲁迪亚德所说：“一个人不一定要富有，但必须诚实。”

在国际考试如TOEFL或GMAT中，考生需签署保密承诺，这种制度体现了对诚信的高度重视。调查显示，中国家长最希望孩子能干，而西方国家的家长更看重孩子是否诚实、有信仰。这种文化差异说明，诚信已被视为人格首要品质。

个人道德的核心，是诚实。没有诚信，其他美德就无从谈

起。即便诚实不会立刻带来财富，却是建立信任的基石。一旦信誉确立，不仅赢得合作，也会吸引更多人主动接近。人品就像商品的质量，品质好，自然会有复购和推荐；品格好，也会赢得持续的合作与更多的信任。当有人说你“值得信赖”时，你已经踏上成功之路。因此，一言既出，必守到底；约定的事，切勿拖延。你每一个承诺和行动，都会被他人默默打分，影响你的人际关系与社会评价。

不诚信的代价

一次不诚信看似无关紧要，却暗中侵蚀人心。它从小事开始，一旦习惯成自然，最终将成为毁掉自己的根源。每一次的撒谎、拖延、隐瞒，都会让人走上一条不归路。

不诚信行为常伴随更多谎言，以掩盖前面的过失，久而久之，便演变成惯性。这种恶性循环，最终只会让人失去自我，丧失他人信任。即使一时未被察觉，但诚信的缺失终会受到惩罚。就像英国皮尔顿市市长彼得所说，九成成功的生意人皆因诚实守信而立足，而那些失信的商人终将走向破产。诚信是自然规律的一部分，违背它必然付出代价。

企业和个人的诚信也是如此：只有彼此守信，合作才能持续。雇主对员工失信，将难以聚人；员工对企业不诚，也无法立足。诚信是一种力量，也是一条通向成功的正道。

布尔沃·利顿曾说：“若一个人被认为值得信任，他注定不会失败。”这是对诚信最真实的注解。

【第五章】

成功有技巧

赢得成功是一项艰难的事业，需要良好品格、清晰思维和高效技巧。掌握有效的方法能激发潜能，避免盲目忙碌。成功没有固定模式，但可借鉴前人的经验，提升效率。技巧需因人而异，灵活运用，持续优化，方能在实践中取得最佳效果。

一、人际交往的艺术

1. 说话的艺术

话语的魅力

在任何场合，如果你能用简洁清晰的语言，配合自然语调，就能吸引注意，打动人心。这是影响力的源泉，也可能成为你成功的重要助力。如果善于表达，再加上良好的礼仪和气质，往往会让你在社交中脱颖而出。

有些人凭借出色的口才、精准的语言和优雅的谈吐获得赞誉。他们或许能力有限，但能通过语言展现最大价值。语言驾驭能力是一生的财富。可惜很多人重知识、轻表达，在专业领域很强，却在社交中沉默寡言、缺乏存在感。因此，掌握优雅的谈吐，是走向成功的重要一步。拿破仑·希尔曾说：“语言是至高无上的艺术。”

以情动人，以理服人

说话要动情，也要讲理。感人至深的话语能激起共鸣，唤醒情感。情感越真挚，感染力越强；言语若无情感，往往难以打动人心。

1966 年，中央广播电台播音员齐越在录制《焦裕禄》时数度哽咽，情不自禁，许多听众因此热泪盈眶。那一刻，语言成为穿透人心的力量。要令人信服，除了情感，还需道理支撑。托尔斯泰说：“语言中的真理，是巨大的力量。”1955 年亚非会议上，周恩来以简洁有力的话语打消误解，赢得赞誉。他说：“我们是来求团结，不是来吵架的。”以理服人，能在关键时刻扭转局势，赢得尊重。

寓理于事，寓情于形

要增强语言的吸引力，应将道理融入事例，情感化入形象。1948 年，刘少奇对记者团谈话时说：“我们党最怕脱离群众，比一百万美军还可怕。”这种具体形象的比喻，让人印象深刻。

语言表达应该简明扼要，条理清晰，直指要点。冗长空洞、脱离主题的言语只会令人生厌，削弱表达力。

巧妙运用语言

社交场合中，每个人都在意形象。学会给人“台阶”，是社交中的智慧。适当帮助他人化解尴尬，不仅能赢得好感，也

树立了良好的形象。

赞美是开启人际关系的重要钥匙。卡耐基说:“每个人身上都有值得赞美的地方。”真诚的赞美,能快速拉近彼此关系。但要真心、得体,切勿虚伪或过度奉承。初次见面时的恰当恭维,是礼貌与修养的表现。斯迈尔斯说得好:人都渴望被认可与尊重。若这些基本期待未被满足,人际关系也难以顺利建立。

忠言不逆耳

“良药一定苦口,忠言不必逆耳。”批评和劝告应以帮助为目的。语言过于刺耳,只会引发对抗,适得其反。避免直白冒犯,比如“你真糊涂!”应换成“我希望你不要让我失望”这样的语句,更易被接受。温和语气、尊重态度,能让劝诫更具建设性。在提问时,也应注意措辞。不要预设立场,而应开放式提问,比如“你对他印象如何?”语气得体,易于沟通。问话的技巧因人、因时、因境而异,需要不断体会与实践。

幽默是一种高明的表达方式。它可以缓解紧张、传递智慧,也能赢得尊重。作家蒋子龙在中美作家交流会上被问及“如何从瓶中取出五斤鸡”时机智答道:“您怎么放进去,我就怎么拿出来。”赢得满堂喝彩。

幽默也是润滑人际关系的利器。冯骥才曾巧妙应对儿童打扰说道:“请你的儿子到地球上来。”既不失礼,又风趣得体,达到了目的。

让语言发挥力量

人与人之间的交流，会激发思想火花。语言是释放潜能、沟通心灵的工具。一个善于交流的人，往往能从谈话中获得启发与力量。年轻人若想成就一番事业，必须提升语言表达力。语言是展示思想的桥梁，也是赢得他人认同的钥匙。在任何场合，都能言之有物、从容自如，是一种值得培养的能力。

掌握说话的艺术，不仅能提升自信，更能让你在人际交往和职业发展中游刃有余。语言是通向成功的重要阶梯，每个人都应用心磨练。

2. 沟通的艺术

每天我们都在沟通，但这并不意味着我们是高效的沟通者。就像每天工作并不代表天天有成就一样，沟通的本质不在表达，而在于结果。如果信息没有得到反馈和共鸣，沟通就没有完成。

▶成功在于沟通

《大趋势》作者奈斯比特指出："未来的竞争核心，是有效的沟通。"卡特·罗杰斯也强调，真正理解对方的表达、动机与感受，才能产生影响力。

维多利亚女王和丈夫阿尔伯特的故事广为流传：某次深夜女王外出归来，敲门说"我是女王"，丈夫不开门；改口为"维多利亚"，依然无应答；当她温柔说出"你的妻子"时，门才打开。这是沟通的精妙所在——情境、身份与关系的切换带来了共鸣。

良好的沟通是信息的准确传递和情感的真切回应。

沟通在于倾听

沟通首先是倾听。它是双向行为，不只是在于说，更在于听。研究表明，在听、说、读、写四种形式中，倾听占据了42%。一个人若总是急于表达，而不给对方倾诉的机会，往往缺乏安全感。有效沟通者必须愿意专注聆听、耐心理解。

美国战地记者哈尔·博伊尔曾说，真正愿意听别人讲话的人越来越少。耐心倾听不只是尊重，更可能激发灵感，获取信息。倾听并不意味着放弃自我，而是先理解对方，再权衡立场。你无需改变观点，但应了解别人的声音。

倾听促成交流

倾听不仅是静听，更是主动的互动。一个人若在交谈中独自滔滔不绝，沟通便失去意义。成功的沟通者要营造轻松氛围，注重眼神、表情和身体语言。所谓“心理的空气”，就是指通过设身处地的聆听，让对方感受到被理解、被接纳。

一位地产销售人员分享他的经验：项目谈判关键时刻，他停止施压，转而体会业主的顾虑，并真诚交流，最终赢得对方信任，拿下合同。这正体现了：有效沟通既是表达自己，更是理解他人。

提问激发对话

恰当提问，是激活交流的利器。与其自顾自地说教，不如设问启发。1979年，中国代表团访日前，记者采访新任日本知事岸昌。面对政治问题他三缄其口，等记者改问日常生活琐事，他才逐步打开话匣。轻松话题可以化解隔阂，为深入交流铺路。

谈话中，若对方沉默，不妨换个角度，引导其从兴趣话题切入，慢慢深入核心内容。

▶沟通是多面体

语言之外，肢体、眼神、表情等非语言信号，同样影响沟通效果。车尔尼雪夫斯基说：“眼睛是最富有表现力的器官。”在电视剧《情人》中，女主问爱人是否仍爱自己，男主只说“你看我的眼睛”。短暂对视后，女主立刻明白并欢欣鼓舞。眼神所传递的信息，有时往往超越语言。

表情也是一种无声的语言。微笑可以化解对方的冷漠，传递善意；而冷漠的面孔，则可能让人敬而远之。好的沟通，离不开面部的配合，它能拉近距离，传递情绪。

理解他人，还要学会从面部、语气、动作中捕捉情绪变化。善于关心他人，不仅表现为言语，更体现在态度和情感的投入上。沟通中加入一份真诚，才能建立信任，换来理解。

▶沟通是一种互动

沟通不是让人“听话”，而是双向的信息交流。很多人误以为沟通的目的是让别人接受自己的观点，其实更重要的是理解和反馈。是否达成共识，往往取决于价值观、利益点等多种因素。但沟通作为过程，只要实现了彼此理解，即为有效。

良好的沟通建立在信任、倾听、表达与反馈的基础上。它是连接人与人之间思想与情感的桥梁，更是职场、生活、人际

交往中不可或缺的能力。

3. 表达的艺术

在现实生活中，不少人因缺乏清晰、有力的表达能力而在社交中处于弱势。他们即使才华横溢、学识丰富，也可能因表达不畅，无法被他人了解和认同。

表达是必需

很多人尤其是性格内向者，明明有话要说，却无法清晰表达，导致社交焦虑。其实，许多著名演讲者早期也曾因口吃或表达不畅而感到羞愧。因为表达能力不是天生的，而是通过不断训练提升的。无论是公众演讲还是日常交流，学会准确、有力地表达，是一个人被理解和认可的重要前提。

语言技巧，如比喻、暗示、反语等，是表达中的利器。比如有个民间故事：访客久等主人不出，便以“梁柱被白蚁蛀坏”暗讽他在屋里暗自吃饭，主人即刻现身。表达得巧，既达意，又不失分寸。

交谈的核心，是清晰传达意图和动机。如果动机不明，对方容易误解，沟通也将失效。直接说明目的，让人更容易理解、倾听、回应，也能增强交流的效率和效果。

表达真实的自我

所谓真实的自我，是一个人自然、真诚地表达内心世界，而非刻意伪饰。这种表达不是情绪的宣泄，而是基于自我认知与接纳后的坦率呈现。它包括性格、情感、喜好与立场，是个性魅力的核心所在。

在社交中，那些努力通过装扮形象取悦他人的人，往往掩盖了自身光彩；而真实表达的人，反而更容易赢得尊重。人格魅力的关键，在于保持积极的心态与真实的表达。展示自我，亮明态度，让他人真正认识你，是交际中建立信任的重要起点。

表达也讲策略。例如俄国作家克雷洛夫用幽默回击讥讽者，巧妙应对、化解尴尬；歌德则以一句话化敌意为风趣，反击得体、分寸恰当；普希金用语言歧义化讽刺为幽默，反将对方一军。有效表达的力量，在于语言控制与临场智慧的结合。

语言的力量，不仅在辞藻，更在其对情感与思维的穿透力。有人口若悬河却空洞无物，有人寥寥数语却直击人心。表达应追求深度、感染力与激励性，而非只是形式上的华丽。

表达的要领

表达的第一原则是：得体。即语言要适合环境与对象，要简洁、明了，避免冗言赘语。言多不一定有力，一句贴切的话，往往胜过千言万语。其次是适度。说得过多可能失焦，过少又显冷淡。根据实际情况权衡表达分寸，是成熟语言能力的体现。在家庭生活中，语言就有着调和人际关系的重要作用。一位技术员沉迷读书不顾家务，妻子不满地说："但愿我是一本文字。"丈夫巧妙回应："那我看完一本就要换新了。"妻子一听，笑着说："那我就做你桌上的词典！"一句玩笑，化解了积怨，

彰显了表达的智慧。

语言传递的不仅是内容，还有情绪与个性。同样的话，用不同语气表达，效果大相径庭。语气体现了情感温度，是沟通成败的关键因素之一。控制好语气，有助于提升表达效果。许多人在说话前缺乏思考，往往随口而出，表达不够精准。其实，在开口前稍作斟酌，选择更优的词句，往往能大大提升语言的表现力。

一个人的才能若想被别人认可，必须通过表达展现。未经雕琢的钻石虽珍贵，但只有打磨后才能闪耀。同样，想让他人看到你的价值，就要学会用恰当的方式将内在能量转化为外在影响。

二、思考的艺术

1. 习惯思考

英国思想家詹姆士·艾伦曾说："人所得到的，是其思想的直接结果。"一个人若想奋发有为、成就事业，首要便是拥有向上的思维。

思考带来进步

一切科学成果都源于思考。没有思考，人类知识将停滞不前，个人也无法在任何领域脱颖而出。批判与创新是知识分子的使命，而这些都离不开深入思考。人与人之间的差距，往往不是能力，而是思考方式的不同。在商业世界中，一个简单的想法就能创造财富。比如，将冰淇淋浸入巧克力的灵感，诞生了一项新产品；克莱伦斯·桑德斯将“自助取用”模式引入零售，奠定了现代超市的雏形。

作家曼迪诺说：“头脑是自己的领地，可以建造天堂，也可以制造地狱。”大象如果从小被拴住，长大后即便有力挣脱，也早已失去挣脱的意识。人若不打破旧有认知，就会被过往经验禁锢，放弃本应争取的可能。思考的力量，不在一时，而在能否持续更新认知、打破惰性。

学会独立思考

有人只看蚂蚁，有人思考蚂蚁的精神，区别在于是否用心思考。成功学大师拿破仑·希尔在《思考致富》中指出：致富靠的不是埋头苦干，而是有策略地思考。思维方式决定人生高度。一个成功者，不一定拥有显赫头衔，但一定懂得如何思考。他们通过理性判断、想象力与内省，将人生引向积极的方向。

缺乏思考的人往往会被动地随波逐流，无法做出突破；而坚持思考的人，则能掌控人生轨迹，做出明智选择。成就，不在表象，而在于思考深度。拉丁谚语曾说：“不会思考的人是白痴，不肯思考的人是懒人，不敢思考的人是奴才。”正是思考，

让人拥有主宰命运的力量。

思想的能量

社会的进步离不开思维的革新。一个人想要有所成就，必须敢于打破旧有观念、激发创造力。人的大脑潜能极大，却常常被浪费。普通人只使用不到5%的脑力，即便是爱因斯坦也不过30%。哪怕多开发1%，也可能带来巨大改变。

刺激思维最有效的方法是不断学习、阅读、提问与观察。比如，常问“为什么？”留心身边事物，主动思考现象背后的逻辑。保持这样的习惯，大脑会更灵活，思路也更清晰。科学研究表明：坚持用脑，可逆转大脑老化趋势。日本科学家发现，经常思考的人即使到了60岁，思维仍如30岁般敏捷；而懒于动脑的人，三四十岁就开始脑力退化。爱因斯坦就是思考力的典范，一次朋友迟到，他却趁等待的半小时解开了科学难题。福特12岁时就梦想制造能在路上跑的机器，尽管遭人反对，他却坚持不懈，最终成就了汽车工业传奇。

思考是一种习惯

巴尔扎克说：“所有伟大发现都源于一个问号。”伟大的科学家和发明家，正是善于提问、敢于怀疑的人。他们从细节中发现规律，在异常中捕捉灵感。瑞士工程师尼古拉·海克曾质疑：“瑞士为何不能重新夺回低端表市场？”于是，他推动了帅奇手表的诞生，将传统钟表业注入全新思维，实现工艺创新与成本革命，重振瑞士品牌。

思考是件辛苦事。人们常常因惰性而只做表面分析，忽略深入探索。思考需要训练与坚持，更需静心与洞察。物理学家卢瑟福问学生：“你早晚都在工作，那么你什么时候思考？”这句话点破了忙碌与深度的界限。真理往往从敏锐眼光中诞生，训练自己拥有这种眼光，才能发现常人忽略的价值。

水晶矿石在未加工前毫不起眼，只有慧眼者才能发现它的璀璨。思考也是如此，只有不断训练，才能看清人生中的光芒与机会。

请问你最近在思考什么？你是依赖惯性，还是积极建构新的认知？思考是一种习惯，更是一种决定命运的能力。

2. 善于思考

戴尔公司创始人迈克尔·戴尔曾说：“非传统思维不需要天赋或高学历，只需要清晰的结构和一个梦想。”思维的力量，正是每个人最宝贵的资源。

思想决定成就

一个人的思想是其最牢靠的财富。物质可能失去，但知识无法被剥夺。通过理性和积极的思考，人就能掌控人生轨迹，实现自己的目标。

哲学家赫拉克利特曾放弃王位专心求知。他告诉弟子们：“人人都有认识自然的能力，关键在于是否善于思考。”思维能力人人具备，但唯有用心思考，才能认清世界、把握真理。

许多人的失败，并非缺乏聪明才智，而是思维方式陷于僵化。正如英国作家拉弗尔所言：“创造性的思维给你带来无限可能。”突破思维定式，往往能开启全新领域。新闻观察家亚斯特也曾说：“真正有创造力的人能在五金店里看到历史，在机场上看见时尚。”新的发现，往往隐藏在最不显眼的角落。

▶思维造就差异

思想是一切成就的基础。若不愿提升思考能力，便容易陷入困惑与消极。当头脑中充斥着负面、狭隘的观念时，就难以清晰地判断事物，也难以发现自身潜力。亿万富翁利尔斯坦言：“思考是世上最辛苦的工作，所以很少人愿意去做。”可见思考正是最具价值的资产。然而一旦方法失当，它也可能成为最大的负担。

真正的富人并不只是靠劳动致富，而是靠不同的思维方式。你若总是复制他人的路径，就只能收获他人已有的结果，而非属于你的突破。加州大学学生保罗不愿从事常规职业，在宿舍做起冰淇淋生意。他与伙伴大胆创新，用酿酒技术研发新口味，迅速吸引风险投资，产品风靡全球。他们之所以成功，是因为善于观察市场、重塑常识，找到了独特的切入点。

创造者的共同点，是能以敏锐的眼光发现生活中的机会。成功者之所以卓越，关键在于用心体验世界、从新角度解读旧事物。愿意突破原有认知框架的人，才更容易拥有创造性的视野。

▶思维激活转机

美国一位出版商面对滞销书突发奇想：送书给总统并广泛征求意见。当总统敷衍回复“不错”时，他便大肆宣传：“总统推荐读物，限量发售。”书籍迅速售罄。第二次，总统挖苦回应“这本书很糟”，他则换新的宣传口号：“总统都嫌弃的书，全国热卖！”照样畅销一空。第三次，总统保持沉默，他又打出宣传口号：“总统难以评判的神秘之书”，再度热销。思维灵活、敢于颠覆，成就了这位出版商的商业奇迹。又如某平装书商发现：很多人买书其实是看书名。于是他用相同的内容、换个吸引人的标题与封面，销量暴增百万册。这就是“点子经济”的力量。

在竞争激烈的社会中，思维创新成为突围关键。不懂得动脑的人，只会按部就班，难以突显价值；而善于思考的人，能凭创意赢得市场。不过，创造并非空想。再新颖的想法，若缺乏执行框架，便只是幻想。真正有效的思维，必须落地可行，能解决实际问题。

用思维塑造未来

面对瞬息万变的时代，仅靠勤奋已无法应对复杂挑战。要取得突破，必须拥有持续优化的思维系统。主动探索、持续反思，是提升个人竞争力的根本。

思维训练不是一时的灵感，而是日积月累的修炼。你要敢于对熟悉的事物提出质疑、对常识重新定义、对失败不断追问。思考是一种习惯，也是一种能力。任何行业中，真正的突破往

往不是来自专业技巧，而是来自一个“不合逻辑”的大胆想法。只有敢想、敢问、敢试，才有可能抓住时代红利。

你是否愿意挑战自己，跳出惯性思维，走出熟悉的舒适区？未来的成功者，将不再是记忆力最好的人，而是那个最善于思考、最勇于创新的人。

三、识时务才能成俊杰

1. 审时度势

现代社会变化迅速前所未有。为了在这变幻莫测的社会中立足，拥有敏锐的应变能力，审时度势并做出及时决策是生存和成功的关键。谁能洞察并迅速应对变化，谁就能走在前头。相反，头脑封闭、反应迟钝的人将错失机会，最终会被时代淘汰。

主动把握机会

社会为每个人提供了不同的机会，但能否抓住它们，取决于个人的适应能力。对于反应敏锐的人来说，每一个小事、每一个人都可能成为机遇。正如哲人所说：“聪明的人不会等待机会，而是主动创造机会，抓住机会。”

一个经典的例子是林毅夫教授的成功。在 1980 年代初，他有幸成为诺贝尔经济学奖得主舒尔茨教授的翻译，这次机会为他进入芝加哥大学深造打开了大门。这一切都源于他在经济学和英语方面的充分准备，使他能够抓住机遇，最终成为学术界的佼佼者。

与变化一起变化

在迅速变化的社会中，审时度势不仅仅是识别机会，更是要不断调整自己的心态、目标和计划。成功往往依赖于对环境变化的敏锐反应。一旦意识到自己的目标、计划与现实不符，就必须及时做出调整。

例如，孙中山、鲁迅和郭沫若等人，最初都选择了医学作为职业，但随着外部环境和个人意识的变化，他们调整了人生目标，投身政治或文学事业，最终取得了巨大成就。社会变化、个人思想的成熟和生活阅历的积累，都促使他们做出相应的改变，避免固守过去的选择。

谋事在高远

“不谋万世者，不足以谋一时；不谋全局者，不足以谋一域。”运用成功的策略不仅要关注当下，还要有远见和全局观。对现时环境的深刻理解，能够帮助我们做出长远的决策，而忽视未来、仅关注眼前的做法往往会导致短视和失败。

很多成功的人士之所以能够成就非凡，正是因为他们具备全局观和远见，能在复杂多变的环境中做出正确判断。现实可

能不尽如人意，但聪明的决策者能在复杂局面中找到突破口，调整自己的战略方向，最终走向成功。

学会掌握机遇

“机遇是短暂的，只有主动迎接它，才能让它在你身边停留。”每个成功的人都能敏锐地捕捉到机遇，而那些对机遇视而不见的人，则常常错失良机。成功的关键不仅仅是等待时机的到来，更是主动创造并利用它。

例如，在出版行业，一位聪明的出版商通过巧妙的广告策略，将本来滞销的书籍转变为畅销书。通过改变书名和封面设计，这本书在市场上大获成功。这个例子告诉我们，创造性的思维和适时的调整是成功的关键。

审时度势：选择最优解

一个人要想在复杂环境中脱颖而出，就必须学会审时度势、把握机遇。特别是在面对不利环境时，能够在策略上做出快速而正确的调整，选择最优解。随着个人成长和环境变化，目标和计划的调整是必然的。

比如，许多知名人物在面对人生的重大选择时，都曾经历过目标和方向的调整。他们在不同的历史时刻根据变化的环境做出了改变，最终取得了巨大的成就。因此，善于调整和应变是成功的关键要素。

抓住机会的黄金时刻

“时势造英雄，但英雄也能造时势。”成功的人不仅能在合适的时机抓住机会，更能在适当时机创造机会。只有保持敏锐的嗅觉，才能在别人尚未觉察时抢占先机。这样的人，通常能在其他人错失机会时，以最快的速度捕捉到那些瞬间的机遇。

在日常生活和职场交际中，有些人往往忽视了那些看似微不足道的机会，直到它们错过了，才意识到它们的价值。一个成功的人，总是能够迅速识别并抓住机会，尽管这些机会可能需要某些勇气和智慧来抓住。

◎策略与实践相结合

无论是个人发展还是企业经营，都离不开策略的运用。过于理想化的战略常常脱离实际，如果盲目追求大规模的变革而忽视现实的局限性，最终会导致失败。因此，任何战略都必须以现实为基础，灵活应变。

成功的人懂得根据环境变化调整自己的策略，敢于在关键时刻做出正确的决策。通过对环境的深入了解和对自身条件的清晰认识，做出最适合的决策，最终实现个人或组织的长期目标。

2. 把握时机

◎时不我待，抓住机遇

机会常常悄然而至，却也会稍纵即逝。许多人因犹豫不决而错过机遇，又为此悔恨不已。成功者懂得机不可失，时不再来，他们善于预判并迅速行动，在关键时刻果断出击。相反，错过

良机者往往只能眼睁睁看着他人走在前头。

机遇从不是等来的，它更青睐有准备、有胆识的人。善于发现、善于出击，才是把握机会的真谛。国际管理学家康斯坦因指出，在同等条件下，人们表现差异巨大，关键在于谁能识时而动，抓住风口。

机遇需准备

拿破仑·希尔说，机会如性情古怪的天使，来无影、去无踪，稍有迟疑便会悄然离去。而卡耐基指出，成功往往属于那些决不轻言放弃、始终准备就绪的人。

很多所谓的“运气好”，其实是“有准备”并加以“行动”的结果。对生活充满敏感，对变化保持警觉，才可能在平凡中捕捉灵感。富尔顿童年划船时因无意中用脚划水而激发了发明轮船的灵感，这正说明，敏锐的观察力和长期的积累，是机遇来临时的真正资本。

那些成功者，多是在无人察觉时就悄然耕耘的人。一旦时机来临，他们便能脱颖而出。他们的幸运，不是偶然，而是对知识、能力、心态长期积蓄的自然释放。

机会可以创造

真正的成功者不会等待机会，而是主动出击，创造条件，让机会找上门。他们不断提升自身实力，在平凡中锻炼，在困境中成长。

亚历山大说：“我不等机会，我创造机会。”马乐从音响市场供需失衡中发现商机，迅速调动资源，抢占市场，年销售额达 3000 万元。这些故事告诉我们，机会从不专属某个人，而是属于有准备、有远见、有行动力的人。很多人之所以长期处于被动，是因为缺少改变现状的决心。而成功者懂得，唯有主动出击、敢于尝试，才能创造奇迹。

抓住身边的机遇

有的人一遇挫折便以为前路断绝，却不知成功之路从不只有一条。考不上大学的爱因斯坦照样成为伟大的科学家；许多出身贫寒的人照样改变命运。关键在于，他们从不放弃寻找并抓住每一个可能的机会。

命运是多样的，机遇正是其转折点。懂得在偶然中发现必然，才能开辟新的人生路径。科学史中，许多重要发现正是出于偶然，比如伽伐尼在解剖中发现电流，正是偶然带来的必然成果。成功往往藏在最不起眼的缝隙中。哪怕是千分之一的机会，也要牢牢把握。这不是赌博，而是一种对生活、对未来深刻负责的态度。

机遇是一条成功捷径

机会是通向成功的重要桥梁。它对每个人看似平等，却往往垂青于有准备、有实力、有眼光的人。敏锐的观察、坚定的行动、扎实的能力，是抓住机会的前提。真正的成功者懂得，不仅要发现机会，更要创造机会。他们以坚定不移的信念投入实践，在一次次努力中积累经验，在一个个突破中赢得资源。

他们不是观望者，而是奔跑中的猎手。

人不能指望“好运气”，更不能只等天赐时机，而要在实践中创造自己的幸运。一旦拥有足够的准备，机会的到来将只是水到渠成。

四、甩掉“无知”的包袱

1. 清除“无知”

学无止境

追求成功的关键在于不断学习。从学校学到的知识有限，在走出校园后，我们还要能继续汲取更多的知识与技能。学习是终身的事业，任何时候都不应停止。杰出的人物几乎都曾经历过不断学习的过程，而那些轻视学习的人，则往往陷入无知的困境。

很多人误以为学习只是青少年时期的事，只有在学校才需要学习。但学校的教育内容是有限的，职场和生活中的很多知识并不在课堂上教授，而必须通过实践和不断学习来获得。没有持续学习的动力，就会与日益变化的时代脱节，最终被社会淘汰。

时刻“充电”，补充能量

成功的关键之一是终身学习。无论是在学习新知识还是在职场中不断提升，学习使我们保持竞争力。像在深圳举办的“优秀经理午餐会”一样，经理们通过学习先进的管理理念，提升了个人和团队的效率。

学习不仅仅是为了提高职称或工资，尤其在如今信息化社会，学习是一种不断适应变化、更新技能的方式。在全球化和技术快速发展的今天，持续学习是一项至关重要的能力。

学习是终身的事业

在发达国家，终身学习是一种常态。例如，美国的教育制度鼓励人们随时学习，年龄和背景不同的人都有机会获取知识。在这样的文化中，学习没有终点，只有新的起点。即使在人生的晚年，许多人依然不断提升自我，这种学习精神是他们成功的秘诀。

我们不能仅为文凭或职称学习，学习应是为了提升自己，满足未来发展的需要。真正成功的人会不断在学习中找到成就感，不断丰富自己的知识体系。

对学习的对象产生兴趣

学习的动力往往来自兴趣。对事物产生浓厚兴趣的人，能够自觉地投入其中，学习起来事半功倍。培养兴趣并将其转化为学习的动力，是获得成功的关键。如英国的教育体系早期就通过培养兴趣来激发学生的潜力，兴趣是学习的最好驱动力。

人类的兴趣各异，正是这种多样性推动了社会的创新与发展。一个人如果能保持对事物的浓厚兴趣，便能不断深化对该领域的理解，从而在该领域取得成功。

学会学习

学习不仅仅是从书本中获取知识，更多的是从实践中积累经验。理论知识只有与实践结合，才能转化为有价值的行动计划。许多人错误地认为有知识可以直接带来财富，但实际情况是，知识需要组织和实施，才能成为真正的“财富”。

从亨利•福特到现代成功的企业家，无一不是通过不断学习，特别是在社会和实际工作中获得深刻经验和智慧。生活本身就是最好的老师，通过观察和实践，我们能学到更多。

永不放弃学习

成功需要扎实的专业知识和良好的常识素养。那些停留在“半知半解”阶段的人，常常会在关键时刻遭遇失败。学习的过程是漫长且不容易的，但每一次进步都为下一次成功奠定基础。

现代从业者不仅要掌握本职专业的知识，还需对其他领域的知识有一定的了解。比如经济学、教育学、科学技术等基本知识，都能帮助个人更好地理解社会和生活。只有具备广泛知识的人，才能避免常识性错误，拥有更为深刻的思考能力。

社会上的成功人士大多具备丰富的常识，并深刻理解人生与社会。无论做什么工作，他们都能将常识和专业知识结合起来，用多方面的理解力去推动自己的事业和生活走向成功。

2. 拥抱“有知”

将知识据为己有

在美国，“知识就是财富”不仅是一句格言，更是被普遍践行的理念。社会学家 W. 罗伊特·华纳曾指出，美国的成功信仰植根于“人人皆可成功”的理想，而教育被视为实现这一理想的主要手段。

许多企业为员工设立专项培训计划，对主动进修者予以奖励。许多人正是靠着利用业余时间学习脱颖而出。鞋匠佛洛斯特坚持每日一小时学习，成为知名数学家；木匠韩特凭借夜以继日的钻研，成为解剖学专家；史蒂芬逊、瓦特也都因不断自学取得重要发明。这些实例说明：甘于现状只会停滞不前，而持续学习方能不断突破。

把知识转化为力量

当今，许多跨国公司已成立企业大学，摩托罗拉就曾因每 1 美元的学习投资带来 30 美元的生产回报。学习被视为企业提升效益、增强竞争力的关键途径。

现代管理越来越重视“知识管理”。如 Lotus 公司的 Notes 系统，通过信息归类、共享与存取，提高企业创新效率。雇员的经验不再随着离职而流失，知识得以沉淀为企业财富。微软等企业也将知识管理作为战略核心，强调知识组织、协作

与传承。

知识是判断的形式，依赖信息，也源于技能。在数字化转型中，知识管理帮助组织提升系统性、创新力和生产力。

知识即财富

当今世界竞争日益集中在人才素质、科技创新与制度效能上。美国在知识创造和技术掌控方面的优势，巩固了其全球领导地位。

北大方正创始人王选，是中国知识经济的代表人物。他研发的激光照排系统跳过多代技术，终成世界领先。在他与张玉峰等科研与企业家的协作下，北大方正实现从技术研发到高科技产业化的飞跃，成为知识转化为国力的范例。

被知识改变的命运

知识改变命运的故事比比皆是。例如，长丰集团信息中心的 8 名职工，利用业余时间学习外语、财经与 IT 技能，个个成才。他们制订学习计划，实行团队互助，通过知识更新推动了部门整体能力的跃升。

船长李明自修航海知识，从修船工成长为高级船长。他自费购置电脑，将船舶管理数据电子化，带动全船学习风气。他深知，唯有不断学习，才能不被时代淘汰。

知识的未来

美国总统克林顿曾强调，终身教育是知识经济成功的基石。全球知识竞争日趋激烈，一个以知识为核心、技术为引擎、合作与竞争并存的市场体系正在形成。

现代社会的成功，依赖于获取、应用与创造知识的能力。这不仅关系到个人发展，也决定了国家的兴衰。未来的竞争，将是“认知力”的竞争——谁拥有学习力、谁能创新，谁就拥有未来。

中国古代圣贤孔子不仅是思想家，更是教育、文学、史学、音乐等领域的开创者。马克思、恩格斯同样在多学科有深厚建树。他们用实际行动告诉我们：成功离不开广博的知识与持续的学习。

五、善用巧妙的方法

提升财商

财商是一种创富智慧，是思维灵活与创新能力的体现。相比传统依靠体力劳动创造财富的方式，现代社会更注重脑力创造。许多百万富翁未必智商超群，却普遍具备跳跃性思维与不拘一格的处事方式，他们更懂得如何顺势而为，在变化中寻找机会，创造价值。

财商的核心在于思维方式的创新。例如，一个街头艺人将

9美元的铜块制成门柄、纪念品，最后以30万美元售出，这便是思维转化价值的典型案例。真正的财富创造，往往不是拼原材料，而是拼思维与创意。

创新不是天赋的专利，而是方法和习惯的累积。只要勇于尝试并不断积累经验，每个人都可以开启自己的“创富金矿”。模仿只能带来平庸，唯有创造才能引领时代。越是善于观察、敢于突破的人，越容易在竞争中脱颖而出。

真正的创富者，往往不是“按部就班”的执行者，而是打破规则、重构逻辑的人。他们不惧偏离传统轨道，因为他们相信，创造本身就是最大的生命力。

头脑致富

有这样一个犹太人的故事广为流传：他用价值50万美元的股票抵押，只借1美元。在他看来，这种方式比租保险箱还划算——这正是一种典型的逆向思维。突破常规，抓住别人未曾察觉的机会，往往能取得意想不到的成功。商界一直流传一句话：“智者善闯无人区。”所谓无人区，是那些尚未被开发、却有潜在市场的领域。在这些领域中，传统经验无法提供指导，只能依赖独立思考与前瞻眼光。因此，要想在商业上取得突破，就要用创新的方式重新定义问题。

马赛尔·比奇的故事正说明了这一点。他致力于一次性圆珠笔、剃须刀、打火机等日常消费品的创新，用低成本打造高效率产品，在全球掀起消费风潮。他的成功来自于不断探索人们的潜在需求，并用创意思维满足这些需求。

思维的灵活性

财商并不单纯依赖知识，而更倚重思维能力。反应敏捷、敢于试错、善于整合资源的人，往往更容易获取成功的钥匙。创意和灵感是财商的一部分，而解决问题的能力和决策执行力则是实现财商的关键。掌握创新的方法，就像拥有寻找宝藏的地图。航行者未必是最强壮的人，而是愿意驶向未知海域的人。在财富的航程上也是如此——只有敢于挑战、勇于探索的人，才能发现价值洼地。

财富从来不会眷顾懒惰与抱怨的人，而是青睐那些有准备、有策略、有方法的人。聪明人善于用最小的代价获取最大的收益，这种收益，不仅来自机遇本身，更来自判断、洞察和选择。

行动与创造

财商的精髓，不在拥有知识的多少，而在其是否能转化为可执行的策略。只有把想法落实到具体行动中，才能真正产生价值。许多成功人士之所以脱颖而出，是因为他们敢于将“看似天马行空”的想法变为现实。他们往往不是最聪明的，却是最愿意尝试、最能坚持到底的。

在知识经济时代，创新成为财富创造的主旋律。过去依赖体力与资本的商业模式，逐渐被脑力与创意所替代。未来的竞争，不仅是产品与服务的比拼，更是思维与理念的较量。“学而思、思而行”，才是通往成功之路的真正方法。每一个不甘平庸的人，都应致力于思维的提升与能力的更新，不断寻找适合自己的创富模式。

【第六章】

做一个有品质的成功者

成功的路径多种多样，而成为一位有品质的成功者，是最值得追求的目标。这不仅是外在的成就，更是内在修养与人格魅力的统一。他们在奋斗中感受幸福，在成就中回馈社会，成为国家的栋梁、民族的骄傲。成功不仅要有结果，更要有品格。

一、成功的领导者

1. 成功领导者的品质

领导者不仅要有胆识、立场、魄力，还需具备开阔的视野和独立应对复杂局面的能力。唯有如此，才能在团队中脱颖而出，发挥真正的引领作用。

良心的威力

领导者首要的品质是值得信赖，而良心正是信任的基石。真正受人尊敬的领导并非依靠权威，而是凭借高尚品格赢得贤才的追随。权力可以管理一时，但品格才能凝聚人心。良心是不变的道德标准，是领导持久魅力的源泉。具备良心的领导者，通常更能体察民情，关心下属，做事公正，赢得由衷的敬重与支持。

真正的领袖不会滥用手中权力，更不会将私利凌驾于集体利益之上。他们深知，良知是管理者最基本的底线和操守。无论在顺境还是逆境中，始终坚守原则和底线的人，才能稳得住心、扛得住事，进而赢得团队的信任与社会的尊重。

正人先正己

“正人先正己”是一位优秀领导者应有的自律。以身作则胜于千言万语，领导者的每一个行动都在影响他人。身先士卒、吃苦在前，不仅树立个人威信，也能激发员工的内在动力，使他们自觉投入工作。这种示范效应正是领导者无声而强大的影响力。

古语云：“其身正，不令而行；其身不正，虽令不从。”领导者是否严于律己，直接关系到组织的风气与团队的凝聚力。领导者的日常言行、工作态度、责任担当都会对员工产生深远的影响。当一个领导者以实际行动诠释责任和担当时，员工会自发学习与模仿，从而带动整个团队形成奋发向上的良性氛围。

号召力

有号召力的领导能将个人魅力与管理艺术有机融合。他们会鼓舞人心，善于传递愿景与价值，使团队成员产生共鸣。真挚的情感、正义感和同理心，是感染团队、增强凝聚力的关键。能激发下属归属感和使命感的领导，才是真正的“灵魂人物”。

卓越的领导者懂得用情感赢得人心。他们在团队遇到挑战时从不退缩，而是站在最前线，以乐观坚定的态度给予员工信心和力量。他们还懂得在关键时刻作出明智的决策，为团队指引方向，为组织注入稳定力量，帮助成员统一意志、协调步调、达成共同目标。

公正才能平衡

公正是领导的核心素养。下属对公平待遇的感知，直接影响工作积极性与忠诚度。领导应以公正为标尺，合理评估员工表现，公平分配资源和机会，让努力者受肯定，让贡献者得回报。只有做到一视同仁、公平激励，才能建立真正团结高效的团队。

公平还意味着尊重差异，鼓励多样性。即使每个员工表现不同，也应给予不同的成长空间。管理者应注重发现下属真正的需求，关心其发展，通过正当手段调动积极性。奖惩有据，才能形成健康的激励机制，使员工以进取为荣、以平庸为耻。此外，领导者要警惕表面功夫和投机取巧者，杜绝凭关系提拔，避免埋没实干人才。对员工的评价应是基于长期的观察和实际贡献，而非一时的表现或个人好恶。

在一个成熟的管理体系中，公正的评价制度是企业文化的重要一环。它不仅关系到个人的职业发展，也关乎组织的凝聚力和持续发展。唯有秉持公正，才能赢得人心、稳定队伍，推动组织良性循环，形成“愿干事、能干事、干成事”的工作局面。

2. 成功领导者的素质

魄力

领导者的魄力至关重要。在竞争激烈的市场环境中，领导者必须具备敢于决策的勇气和力量。面对挑战时，领导者需要展现出坚定的决心，毫不畏惧困难，敢于作出决定并承担责任。如果领导者缺乏魄力，就容易固守平庸的状态，失去前进的动力，影响团队的士气。杰克·韦尔奇在领导通用电气时，就以其决断力获得了“魄力先生”的绰号。他曾表示，领导者必须具备魄力，这才是判断一个领导是否合格的关键。一个有魄力的领导，才能在关键时刻作出艰难决策，带领团队走出困境。

勇敢

成功的领导者不仅需要有战略眼光，还需要拥有勇气去追求改变。勇气常常体现在面对不确定性时，敢于迎接挑战而非回避。林肯总统曾谈到，许多领导者都曾有机会废除黑奴制度，但他们缺乏勇气，未能签署解放黑奴的命令。正如林肯所说，很多困难仅存在于想象中，真正跨越这些障碍，只需要一点勇气。在危机时刻，领导者的勇气和决断力能够鼓舞团队，克服不利局面，塑造领导者的威信和影响力。

宽厚

一个宽容的领导者能够赢得下属的尊重和信任。宽容并非懦弱，而是一种智慧的表现。领导者应具备宽广的胸怀，能够

容忍不同的声音，并且在出现错误时给予宽容和理解。许多取得成功的公司员工并非没有犯过错误，而是在创新过程中犯错并从中学习。领导者应鼓励员工大胆尝试，并在其犯错时给予宽容，因为失败往往是成功的前提。宽容的领导者能够为员工创造一个宽松、和谐的工作环境，使其能够充分发挥自己的潜力。

知人善任

领导者需要善于识别和任用人才。人才的选择不仅要看其能力，还要关注其品德和潜力。做到知人善任要求领导者准确评估每位下属的优缺点，并根据其特点安排适当的任务。历史上的许多成功领导者，如刘备，他能用张飞的勇猛，而不因其暴躁的性格而放弃。同时，领导者要懂得扬长避短，发挥人才的长处，补充团队的短板。知人善任能够使组织发挥最大效能，使每个成员都能在适合自己的岗位上贡献最大价值。

用权之道

权力是一种无形的资源，如何运用权力，决定了领导者的成效。领导者应当以公正、透明的态度行使权力，以威信而非单纯的权威来管理团队。领导者的威信来自于平时的行为举止和决策能力，而不仅仅依靠职位的高低。有成效的领导者会激发下属的积极性，调动集体智慧，从而推动组织向前发展。威信建立后，决策和命令才能得到员工的拥护和支持。

赏罚分明

赏罚分明是领导者行使权力的重要手段之一。领导者必须在赏罚上做到公正，既要鼓励优秀表现，也要对不负责任的行为进行惩戒。奖励可以激励员工的士气，而处罚则是对不正之风的警示。合理的赏罚机制能够促进员工的自我激励和团队的整体协作，确保组织目标的顺利实现。领导者需要避免随意赏罚，要基于客观事实和公平原则做出决定，确保团队的稳定和发展。

兼听则明

优秀的领导者应具备倾听他人意见的能力。一个领导者如果不能听取不同的声音，往往容易陷入主观偏见，做出错误的决策。倾听不仅是了解信息的过程，更是决策质量的保证。领导者应当广泛听取各方意见，并综合分析，做出科学决策。只有通过兼听并结合实际情况，才能避免偏见和误导，做出对团队和组织最有利的决策。

二、成功并快乐着

1. 尊荣的个性

享用你的品质

德国牧师亨特尔曾说，充满仁爱的品质是世界上最伟大的

事物。在他的一生中，这种爱通过他的人格体现得淋漓尽致。亨特尔不仅拥有广泛的兴趣爱好，还充满活力，关心他人。他的举止优雅、风度翩翩，在谈吐中透露出深刻的智慧与真诚。他对每个人充满兴趣，能够带给别人欢笑与启发。这种多才多艺和广泛的兴趣，远不是简单的技能叠加，而是他内心优秀品质的融合。他的个性魅力，来自他充满爱心、平和的心态以及他对生活的积极态度。

最吸引人的并不是外表的美丽，而是一个人内在的品格。亨特尔的经历告诉我们，真正的尊贵来源于内心的光辉，而这种光辉不仅仅体现在成就和名声上，更体现在他与人的互动中带来的温暖与感染力。

仁爱的心最可贵

戈登将军曾经获得许多奖章，但他最珍视的却是一块由外国皇后赠送的奖章，奖章上刻有温馨的题词。许多年后，这块奖章失踪，后来竟被发现他将其出售，并将所得款项匿名捐赠给难民救助所。这一举动展示了他仁爱的心灵和慷慨的品格。仁爱不仅是宽容与耐心，更是一种积极的行动，它能带来巨大的社会影响。

成功的人往往具备高尚的人格，他们严于律己，诚实谦逊，永远不骄傲自大。无论面对成功还是失败，他们都能保持平静与坚定。最尊贵的品质，便是爱。爱使人充满热情，激发他人的潜力，推动个人与集体的共同进步。

用品质打动别人

一个人的个性是他所有独特品质的综合。虽然科学尚未解释清楚个性如何通过表情、步伐等外在表现出来，但我们每个人都通过这些细节传达着自我。当我们与他人接触时，除了外表，真正吸引人的，是我们如何表现自己、如何聆听他人、如何关注他们的需求。这些无形的品质决定了我们是否能打动他人，赢得信任与喜爱。

富兰克林不仅是杰出的政治家和发明家，更因其高尚的个性和自我反思能力成为伟大的榜样。他在自我提升方面做出了许多努力，克服了性格中的缺陷，使自己更具吸引力和领导力。成功不仅在于成就，更在于人格的力量。品格是个人影响力的源泉，能够帮助我们赢得他人的信任与支持。

坚持自己的个性

无论人生如何起伏，保持忠于自我、坚持原则的个性，才是最为宝贵的财富。一个不诚实的人永远无法得到他人的尊重，而一个虚伪的人也无法获得真正的快乐和幸福。尽管社会诱惑不断，我们仍需保持自我，并通过正确的判断力来避免偏离人生的正确轨道。

一个真正有魅力的人，往往是那个不断提升自己品格、积极投入社会的贡献者。当我们认识到自己的行为和决策对他人、对社会的重要性时，我们便能通过它们成就一番伟大的事业。正直与良好的人格是成功的基石，它们比任何物质财富都更加

持久和珍贵。

2. 成功者的快乐

随时享受快乐

快乐是一种责任，我们应该保持积极的心态，它对世界的影响远超我们的想象。在佛罗伦萨的一座公共建筑前，曾有一位残疾老兵在台阶上拉小提琴，偶尔会收到路人的捐赠。一天，一位小提琴家路过时，停下来演奏了几首曲子，吸引了更多人驻足听，给人们留下了深刻的印象，捐款也显著增加。演奏结束后，这位小提琴家离开，善良和无私的行为带来了真正的回报，这种人类的美好品质不仅感动他人，也提升了自己的精神世界。赫伯特曾说，“思想上的甜美，影响着人的衣着、居所和一切”。这种善意的品格能够转化为我们的力量。

把握最重要的东西

人生中最重要的是什么？如果一个人为了不切实际的目标而耗费所有精力，那他最终会被贪婪和冷漠控制，失去原本的快乐。生命的意义不在于活多久，而是如何有价值地活着。刘胡兰和雷锋虽然生命短暂，却因为他们的奉献精神，成为了永不褪色的楷模。一个人只有通过积极地生活和实现理想，才能让生命真正绽放。人生的成功不仅是物质上的，更重要的是精神上的满足。精神的安稳带来深层次的快乐，而物质享受的乐趣则往往空虚。真正的幸福来源于内心的充实和对生活的感恩。

快乐与成功相随

成功与快乐是不可分割的。成功的过程本身就充满了挑战和乐趣，这种过程让我们体验到目标实现的喜悦和成就感。真正的成功者能够从困难中获得净化，他们通过战胜挑战，获得了成长和升华。无论是诺贝尔的炸药发明、爱因斯坦的相对论，还是叶乔波的奥运金牌，这些人物都经历了无数的艰辛，但最终，他们收获的快乐和成功让所有努力变得值得。爱迪生曾说，只有经历过困难，才能真正体会到成功的甘甜。奋斗的结果是目标的实现，这时的快乐自然而然地涌现出来。

挖掘快乐

快乐常常来自于积极的心态。就如同两个鞋商走进一个赤脚的国家，其中一位悲观失望，认为没有市场；另一位却看到了巨大的机会。乐观的人能够从任何困境中看到机遇，而抱怨者则永远无法走出困境。鲁迅曾说，“真的猛士，敢于直面惨淡的人生，敢于正视淋漓的鲜血。”我们要学会直面人生的艰难，用微笑去迎接痛苦。积极的人通过正面思维抵御失败带来的恐惧，创造出一个充满希望的未来。

要使自己成为让他人愉悦的人，首先要愉悦自己。一个慷慨大方、真诚待人的人，必定能获得他人的喜爱。正如阳光让人们温暖，真诚与快乐也能吸引他人。快乐的心情和健康的身体是最宝贵的财富，它让人超脱于日常的困扰，享受人生的每一刻。正如爱默生所说，真正的行善者是那些能带给他人内心满足，而非物质享乐的人。

三、成功者的生活图景

1. 卓越的生存

卓越的生存法则

在商业世界中，有些人天生具备吸引力，似乎机会总是自然而然地向他们靠拢。这些人常被称为“幸运儿”，但仔细分析后，我们发现，他们的成功源于其卓越的个人品质。这些品质，诸如诚实、礼貌与亲切，成为他们成功的关键。即使拥有智慧和能力，如果缺乏这些吸引人的品质，再多的努力也难以取得持久的成功。

良好的人际关系和积极的品质对事业至关重要。成功不仅仅来自专业技能，更多的是由待人接物的态度、对他人需求的关注以及真诚的行为所推动。无论多么精明能干，一个粗鲁的态度也会使人远离，因此，培养亲切随和的品质极为重要。培养这种品质并不困难，因为它是由许多可培养的优点构成的，只要用心，就能逐步形成。

正确的生存观念

建立高贵的品质和正确的生存观念是每个人应当追求的目标。人若迷失自我，被感情或贪欲所支配，就容易陷入困境。纪律是人们行为的规范，正如程序需要定期维护一样，人的生活和工作也需要有条不紊的规范。只有通过智慧的引导和自觉的维持，才能让生活始终保持高效有序。

一个人如果要在事业上取得成功，必须抵制诱惑，专注于追求更高层次的需求，而非仅仅满足低级的欲望。只有在他人心中树立良好的形象，才能抓住机遇，获得成功。现实中，改变自己并不是一蹴而就的过程，但一旦建立了良好的信誉和形象，就能为未来的成功打下坚实基础。

优越的生存品质

具有高尚品格的人，往往能够对他人产生深远的影响。与这些人交往，我们会感到自己被激励、被启发，甚至在不知不觉中提升了自我。他们的魅力无形中引导我们发现内心深处更优秀的自己，激发出更多的潜力。通过与他们的接触，能使我们的生命充满动力，追求更高的目标。

魅力是一种巨大的财富，能够在任何领域中为我们赢得支持和尊重。无论从事哪种职业，拥有个性魅力都极为重要，它不仅能在商业中获得回报，在生活中同样能赢得他人的喜爱与信任。通过慷慨待人，展示真诚和善意，我们能收获更多的支持和回报。那些懂得付出的人，最终会收获更多。

一个成功的人懂得将原则融入生活，保持高尚的道德品质。在商业、政治或其他领域，良好的品德常常比才华更为重要。正如富兰克林所说，他的成功和名誉归功于良好的道德和行善的行为。高尚的道德是事业成功的原动力，它能够为人生带来更深远的价值。

2. 高贵的生命

实现生命价值

每个人都希望实现自我的价值。一位哲人曾说："被认为没有价值是最残酷的，价值不被承认时，容易导致自暴自弃。"社会不稳定、犯罪频发的原因之一，正是因为个体的价值未被认同。人类的价值观源于人类本性，友爱、善良、智慧、忍耐等，都是永恒的价值。

孟子提出，"无恻隐之心，非人也；无羞恶之心，非人也；无辞让之心，非人也；无是非之心，非人也"。缺乏这些品质的人是不完整的，而道德自律则会帮助人去除这些缺失，最终实现自我价值。正如爱默生所说，"凡是听查塔姆勋爵讲过话的人，都认为他本人比任何话语更具吸引力。"成功的人物之所以伟大，不仅仅是因为他们的事迹，而是因为他们的内在品质和个性。

无法捕捉的生命之美

个性是一种微妙且无法被完全捕捉的力量，摄影师、画家无法表现的正是这种生命中的内在美。个性魅力深深影响着人生的成功，它与生命的意义紧密相关。一个懂得欣赏自然美、拥有爱美天性的人的生命，往往更充实、更有吸引力。如果无法触及美好，人生会显得单调且缺乏色彩。

美能激发人们内心的力量，愉悦心灵，恢复精力，促进身心健康。无论从事何种工作，都应以美来充实生命。对美的追求能陶冶心灵，滋养善良品格，帮助人成为更加高尚的人。高尚的人物展现的品格，是对所有人类的巨大财富。华盛顿、林肯等伟大人物的高贵人格，不仅让他们在历史中闪光，也为他们的国家带来了长久的影响。这些人物的品格让人感到安全、舒适和敬仰，他们的存在超越了财富和名誉，是人类文明的象征。

展现生命尊严

人类的尊严在于其理智与自我完善的能力。如果仅仅为了生存而活着，是不完整的人生。一个全面发展的人，能够欣赏美、追求高贵的事物，从而提升生命质量。这些追求与物质需求相比，更为重要。

追求自我完善、富有同情心、乐于助人，这些品质能让人的生活变得更加充实与美好。比如一位破产商人向妻子安慰说："即使失去了所有的财产，我们最宝贵的东西——心灵和双手依然在，只要有能力，我们能创造新的财富。"当我们认识到心灵的价值和能力的重要性时，任何困境都无法摧毁我们的内心世界。沃尔亨教授曾说："品格是真正可以拯救我们的东西。"

它比金钱、权力、自由甚至健康都更为珍贵。人类的尊严，正是在对高尚生活的渴望中体现的。这种渴望与食物的需求一样自然，它推动着我们追求更高的精神境界。

人应该追求比事业、财富和名声更伟大的东西。通过教育和文化可以提升人类的生活，但单有这些不足以挽救人类。一个人即便没有文化或财富，只要他具备高尚的品格，也能赢得他人的尊敬。品质是能让人感知到力量的根本。

3. 完满的人生

人生智慧

文化知识和高尚品格并不总是相辅相成。赫伯特曾说：“少量的好品行胜过一大堆学问。”这并非否定知识的价值，而是强调知识应与善行结合。知识本身不能教会我们人生的真谛。柏拉图认为，背离公正的知识应被视为狡诈而非智慧。人类的价值在于内在的品质，真正的伟大往往蕴含在品格之中。

在当今社会，尽管财富的积累成为许多人追求的目标，但一些曾经贫穷的作家或艺术家的名声却远超许多百万富翁。这表明，社会对智慧和品格的重视远大于对物质的依赖。正如科尔顿所说，“人生中只有一种追求，那就是美德。”爱默生也称美德为最伟大的品格力量。一个国家的财富不在于收入或防御，而在于公民的教育、教养和良心品格。

人生境界

钱是生活的一部分，对于某些人来说，金钱成了负担，而另一些人却能够驾驭金钱，运用它来实现更高的目标。财富不是人生的终极目标，而是实现幸福的工具。问题在于，很多有钱的人未能正确理解财富与幸福的关系，导致财富带来烦恼，而无法带来真正的幸福。

如何处理财富与幸福之间的辩证关系十分关键。真正理解这一点的人能够用财富塑造高尚的人格，并通过财富实现更有意义的人生。西蒙与马克的故事说明，最富有的人并非单纯财富的拥有者，而是能通过财富为社会和他人带来更多价值的人。他们用自己的财富帮助他人，开创机会，改变社会。

因此，一部分时间应专注于提升审美能力，另一部分则培养赚钱的才能。人类不仅需要物质食粮，更需要精神食粮，尤其是对真、善、美的追求，才能提升生活品质。

人生景观

与人类的智慧、知识、品格和美丽相比，财富显得微不足道。人类历史中的伟大成就往往源于非物质力量，而道德和知识的积累才是人类文明的基石。布鲁克林・比尔曾说，品格和个性能充实一个人，就如同财富一样令人珍贵。历史上的伟大人物，如莎士比亚和柏拉图，他们的思想和作品塑造的文化，至今仍影响深远。

真正成功的人生不仅仅在于财富的积累，还在于展现高尚的品格和完成有益的工作。成功的意义不仅仅是感官的享乐或

权力的追求，而是通过优良的人格为社会进步做出贡献。每一次善行和努力都使我们朝着更高境界迈进，成功的人物也以他们的实践为他人树立了榜样。

了解这些成功人物的生活和成就，能够激励我们追求更高的目标，提升我们的精神境界。通过他们的所作所为，我们明白了人类应该追求的真正目标，并将我们的身心融入到更高尚的事业和精神追求中。

文绣
瀚锦